FAÇA...

SEÇÕES

JOGO OU BRINCADEIRA

DIVIRTA-SE E VEJA COMO OS ASSUNTOS QUE VOCÊ VAI APRENDER NESTE LIVRO SÃO USADOS NO DIA A DIA.

JOGO

SOMANDO CINCO

JOGUE **SOMANDO CINCO** NOVAMENTE. DEPOIS, COM SEUS COLEGAS DE GRUPO, REGISTRE TODAS AS FORMAS DE CONSEGUIR O TOTAL 5 COM AS CARTAS DO JOGO.

16 DEZESSEIS

BRINCADEIRA

DESAFIO DA CENTOPEIA

BRINQUE NOVAMENTE DE **DESAFIO DA CENTOPEIA**! DEPOIS, FAÇA UM DESENHO PARA MOSTRAR COMO FOI A BRINCADEIRA.

COM SEUS COLEGAS, MONTE UM PAINEL COM OS DESENHOS DE TODOS. APRECIEM O QUE CADA UM DESENHOU.

CIRCULANDO

OS ALUNOS DA CLASSE DE PEDRO E BRUNA ENCONTRARAM NA ESCOLA OBJETOS QUE LEMBRAM A FORMA DO CÍRCULO. VEJA:

1 VENTILADOR. 2 CD. 3 CESTO DE LIXO VISTO DE CIMA.

AS ILUSTRAÇÕES DESTA PÁGINA NÃO ESTÃO COM OS TAMANHOS PROPORCIONAIS ENTRE SI.

QUE TAL FAZER O MESMO QUE OS ALUNOS DA CLASSE DE PEDRO E BRUNA? PROCURE OBJETOS QUE LEMBREM A FORMA DO CÍRCULO E DESENHE-OS.

DEZESSETE 17

PARA FAZER EM GRUPO OU PARA FAZER EM DUPLA

TROQUE IDEIAS COM UM OU MAIS COLEGAS NA HORA DE FAZER AS ATIVIDADES.

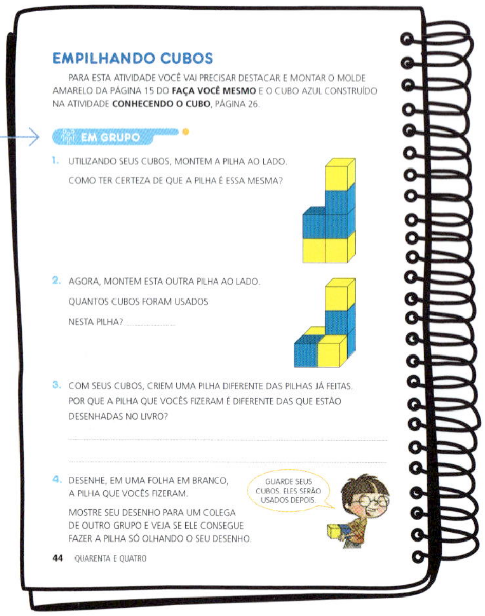
EMPILHANDO CUBOS

PARA ESTA ATIVIDADE VOCÊ VAI PRECISAR DESTACAR E MONTAR O MOLDE AMARELO DA PÁGINA 15 DO **FAÇA VOCÊ MESMO** E O CUBO AZUL CONSTRUÍDO NA ATIVIDADE **CONHECENDO O CUBO**, PÁGINA 26.

EM GRUPO

1. UTILIZANDO SEUS CUBOS, MONTEM A PILHA AO LADO. COMO TER CERTEZA DE QUE A PILHA É ESSA MESMA?
2. AGORA, MONTEM ESTA OUTRA PILHA AO LADO. QUANTOS CUBOS FORAM USADOS NESTA PILHA?
3. COM SEUS CUBOS, CRIEM UMA PILHA DIFERENTE DAS PILHAS JÁ FEITAS. POR QUE A PILHA QUE VOCÊS FIZERAM É DIFERENTE DAS QUE ESTÃO DESENHADAS NO LIVRO?
4. DESENHE, EM UMA FOLHA EM BRANCO, A PILHA QUE VOCÊS FIZERAM. MOSTRE SEU DESENHO PARA UM COLEGA DE OUTRO GRUPO E VEJA SE ELE CONSEGUE FAZER A PILHA SÓ OLHANDO O SEU DESENHO.

GUARDE SEUS CUBOS. ELES SERÃO USADOS DEPOIS.

44 QUARENTA E QUATRO

SEU PROBLEMA AGORA É...

LILÓ É A CACHORRINHA DE PEDRO. ELA ADORA TOMAR BANHO.

QUANDO CHOVE, ELA CORRE PARA SE MOLHAR NAS POÇAS DE ÁGUA E ACABA SE SUJANDO TODA.

SE VOCÊ FOSSE PEDRO, O QUE FARIA PARA LILÓ NÃO FAZER ESSE TIPO DE BAGUNÇA?

DESENHE SUA RESPOSTA EM UMA FOLHA EM BRANCO E COLE EM SEU CADERNO.

COMPARANDO

COMO PODEMOS DESCOBRIR QUEM TEM A MAIOR MÃO EM NOSSA SALA?

VEJA O QUE OS ALUNOS DA CLASSE DE LUÍZA FIZERAM PARA DESCOBRIR.

CARLOS, A MINHA MÃO É MAIS COMPRIDA QUE A SUA.

A MINHA MÃO É MAIS LARGA QUE A SUA.

A MINHA MÃO É MAIS COMPRIDA QUE A SUA.

QUANDO DESCOBRIREM A MAIOR MÃO DA CLASSE, REGISTRE A ATIVIDADE FAZENDO UM DESENHO EM SEU CADERNO.

DEZENOVE 19

SEU PROBLEMA AGORA É...

APRENDA A SER UM BOM LEITOR E BUSQUE NOVAS FORMAS DE RESOLVER SITUAÇÕES DESAFIADORAS.

CONHEÇA SEU LIVRO!

O LIVRO ESTÁ DIVIDIDO EM **9 UNIDADES**, APRESENTADAS EM **2 PARTES**:

PARTE 1: UNIDADES 1 A 5

PARTE 2: UNIDADES 6 A 9

VAMOS CONHECÊ-LO?

ABERTURA DE UNIDADE

PARA COMEÇO DE CONVERSA

TUDO COMEÇA COM UMA ATIVIDADE DIFERENTE E DESCONTRAÍDA.

AQUI VOCÊ CONHECE UM POUCO DO QUE VAI ESTUDAR NA UNIDADE.

...A SUA COLEÇÃO

VOCÊ JÁ PENSOU EM QUANTAS COISAS DIFERENTES PODE FAZER EM SEU COTIDIANO? DESENHAR, ESCREVER, CONVERSAR, ABRAÇAR, DANÇAR, PULAR, CRIAR E TRANSFORMAR OBJETOS... CADA ATO QUE PRATICAMOS É ÚNICO E DIZ UM POUCO SOBRE NOSSOS GOSTOS, NOSSA HISTÓRIA, O JEITO COMO BRINCAMOS E TRANSMITIMOS EMOÇÕES, O LUGAR EM QUE VIVEMOS, ENFIM, SOBRE QUEM SOMOS E COMO ATUAMOS NO MUNDO. TUDO O QUE VOCÊ FAZ POSSUI UMA MARCA ÚNICA, DIFERENTE DE QUALQUER OUTRA PESSOA. E TODOS OS JEITOS SÃO INCRÍVEIS, POIS SOMOS SERES HUMANOS DIVERSOS E CHEIOS DE IDEIAS NOVAS E SURPREENDENTES!

POR ISSO, QUEREMOS QUE VOCÊ UTILIZE OS LIVROS DESTA COLEÇÃO COM CRIATIVIDADE E ALEGRIA, E QUE CADA PÁGINA TENHA SUA MARCA. O NOME DA COLEÇÃO SURGIU DESSA IDEIA. FAÇA SUA CAPA, FAÇA SUA HISTÓRIA, FAÇA SEU APRENDIZADO, FAÇA VOCÊ MESMO, FAÇA ACONTECER! VAMOS COMEÇAR?

NAS PRÓXIMAS PÁGINAS, VOCÊ VAI CONHECER COMO SEU LIVRO FOI ORGANIZADO E QUAIS OS MATERIAIS QUE O AUXILIARÃO NESSA AVENTURA.

DIVIRTA-SE!

FAÇA VOCÊ MESMO!

UM LIVRO COM MATERIAIS DESTACÁVEIS E ADESIVOS QUE SERÃO UTILIZADOS PARA PERSONALIZAR AS CAPAS E REALIZAR ALGUMAS ATIVIDADES PROPOSTAS NOS CAPÍTULOS.

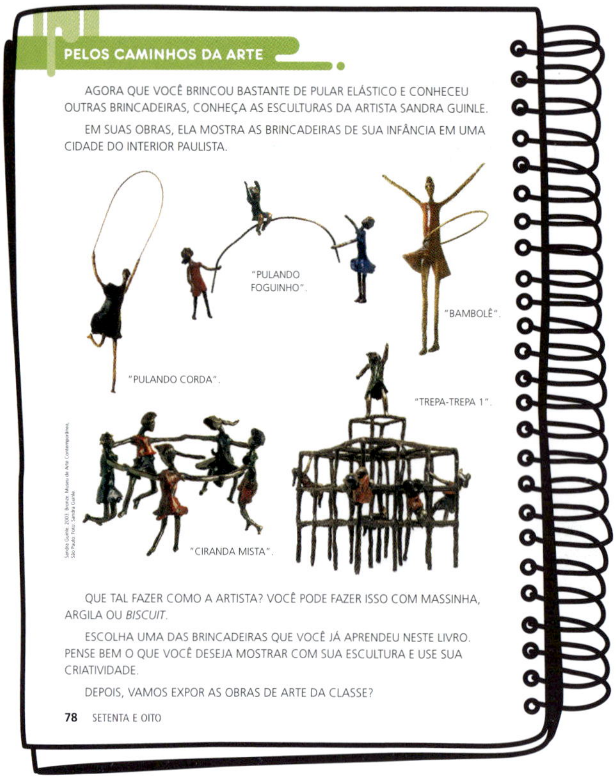

PELOS CAMINHOS DA ARTE

AGORA QUE VOCÊ BRINCOU BASTANTE DE PULAR ELÁSTICO E CONHECEU OUTRAS BRINCADEIRAS, CONHEÇA AS ESCULTURAS DA ARTISTA SANDRA GUINLE.

EM SUAS OBRAS, ELA MOSTRA AS BRINCADEIRAS DE SUA INFÂNCIA EM UMA CIDADE DO INTERIOR PAULISTA.

"PULANDO CORDA". "PULANDO FOGUINHO". "BAMBOLÊ". "TREPA-TREPA 1". "CIRANDA MISTA".

QUE TAL FAZER COMO A ARTISTA? VOCÊ PODE FAZER ISSO COM MASSINHA, ARGILA OU *BISCUIT*.

ESCOLHA UMA DAS BRINCADEIRAS QUE VOCÊ JÁ APRENDEU NESTE LIVRO. PENSE BEM O QUE VOCÊ DESEJA MOSTRAR COM SUA ESCULTURA E USE SUA CRIATIVIDADE.

DEPOIS, VAMOS EXPOR AS OBRAS DE ARTE DA CLASSE?

78 SETENTA E OITO

PELOS CAMINHOS DA ARTE

VOCÊ VAI CONHECER DIFERENTES MANIFESTAÇÕES ARTÍSTICAS E A RELAÇÃO DELAS COM A MATEMÁTICA.

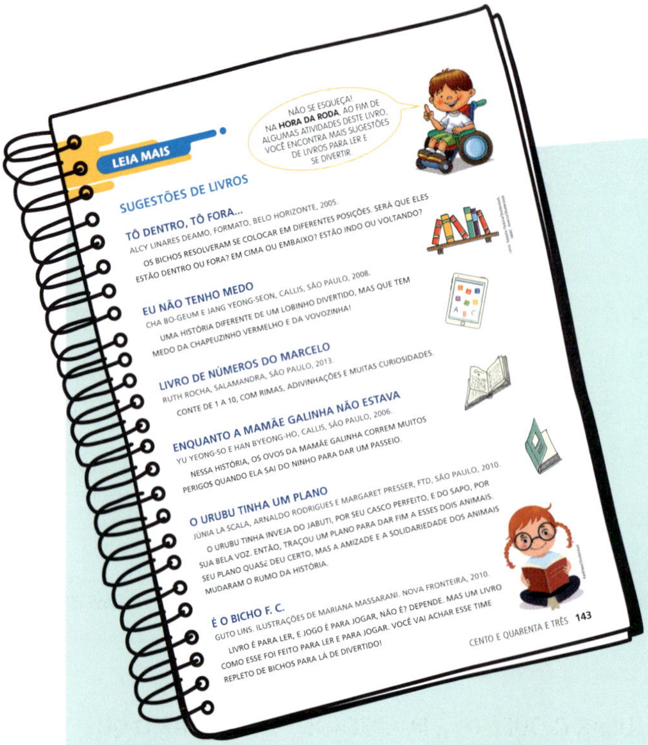

LEIA MAIS

NÃO SE ESQUEÇA! NA **HORA DA RODA**, AO FIM DE ALGUMAS ATIVIDADES DESTE LIVRO, VOCÊ ENCONTRA MAIS SUGESTÕES DE LIVROS PARA LER E SE DIVERTIR.

SUGESTÕES DE LIVROS

TÔ DENTRO, TÔ FORA...
ALCY LINARES DEAMO, FORMATO, BELO HORIZONTE, 2005.
OS BICHOS RESOLVERAM SE COLOCAR EM DIFERENTES POSIÇÕES. SERÁ QUE ELES ESTÃO DENTRO OU FORA? EM CIMA OU EMBAIXO? ESTÃO INDO OU VOLTANDO?

EU NÃO TENHO MEDO
CHA BO-GEUM E JANG YEONG-SEON, CALLIS, SÃO PAULO, 2008.
UMA HISTÓRIA DIFERENTE DE UM LOBINHO DIVERTIDO, MAS QUE TEM MEDO DA CHAPEUZINHO VERMELHO E DA VOVOZINHA!

LIVRO DE NÚMEROS DO MARCELO
RUTH ROCHA, SALAMANDRA, SÃO PAULO, 2013.
CONTE DE 1 A 10, COM RIMAS, ADIVINHAÇÕES E MUITAS CURIOSIDADES.

ENQUANTO A MAMÃE GALINHA NÃO ESTAVA
YU YEONG-SO E HAN BYEONG-HO, CALLIS, SÃO PAULO, 2006.
NESSA HISTÓRIA, OS OVOS DA MAMÃE GALINHA CORREM MUITOS PERIGOS QUANDO ELA SAI DO NINHO PARA DAR UM PASSEIO.

O URUBU TINHA UM PLANO
JÚNIA LA SCALA, ARNALDO RODRIGUES E MARGARET PRESSER, FTD, SÃO PAULO, 2010.
O URUBU TINHA INVEJA DO JABUTI, POR SEU CASCO PERFEITO, E DO SAPO, POR SUA BELA VOZ. ENTÃO, TRAÇOU UM PLANO PARA DAR FIM A ESSES DOIS ANIMAIS. SEU PLANO QUASE DEU CERTO, MAS A AMIZADE E A SOLIDARIEDADE DOS ANIMAIS MUDARAM O RUMO DA HISTÓRIA.

É O BICHO F. C.
GUTO LINS. ILUSTRAÇÕES DE MARIANA MASSARANI. NOVA FRONTEIRA, 2010.
LIVRO É PARA LER, E JOGO É PARA JOGAR, NÃO É? DEPENDE. MAS UM LIVRO COMO ESSE FOI FEITO PARA LER E PARA JOGAR. VOCÊ VAI ACHAR ESSE TIME REPLETO DE BICHOS PARA LÁ DE DIVERTIDO!

CENTO E QUARENTA E TRÊS 143

LEIA MAIS

VOCÊ VAI DESCOBRIR LIVROS INTERESSANTES QUE SE RELACIONAM COM OS TEMAS ESTUDADOS NO LIVRO. EXPLORE-OS!

VAMOS LER JUNTOS

AQUI, VOCÊ VAI APRENDER MATEMÁTICA POR MEIO DA LEITURA DE DIFERENTES TEXTOS.

CAMINHOS DO REI

CONHEÇA A HISTÓRIA DE UM REI MUITO EXIGENTE!

VAMOS LER JUNTOS

ERA UMA VEZ, MUITO TEMPO ATRÁS, EM UM REINO DISTANTE, UM REI MUITO EXIGENTE.

POR ONDE PASSAVA, ELE EXIGIA QUE OS DOIS LADOS DO CAMINHO TIVESSEM AS MESMAS COISAS, NAS MESMAS POSIÇÕES.

SE DE UM LADO DO CAMINHO HAVIA UMA ÁRVORE, ELE FAZIA QUESTÃO DE QUE NO OUTRO LADO TAMBÉM HOUVESSE OUTRA ÁRVORE, IGUALZINHA, COMO IMAGEM NO ESPELHO.

AGORA QUE VOCÊS JÁ CONHECEM A HISTÓRIA, SIGAM AS ORIENTAÇÕES DA PROFESSORA PARA CRIAR CAMINHOS PARA O REI PERCORRER. COLOQUEM OBJETOS DE CADA LADO DO CAMINHO E, DEPOIS, OS CUBOS COLORIDOS FEITOS POR VOCÊS.

VAMOS LÁ!

60 SESSENTA

HORA DA RODA

VEJA AS DICAS DE LEITURA PARA APRENDER MAIS E VER COMO A MATEMÁTICA ESTÁ PRESENTE EM OUTRAS ÁREAS DO CONHECIMENTO.

SEU PROBLEMA AGORA É...

COMPLETE ESTE LIGUE-PONTOS:

AGORA, RESPONDA:

1. QUAL É O MAIOR NÚMERO NO LIGUE-PONTOS?
2. ONDE VOCÊ JÁ VIU ESSE NÚMERO?
3. ESCREVA OS NÚMEROS **MAIORES QUE** 18 E **MENORES QUE** 26 QUE APARECEM NO LIGUE-PONTOS.

HORA DA RODA

NOVE PATINHOS SAÍRAM PARA PASSEAR. MUITOS DESAFIOS VÃO ENCONTRAR. LEIA A HISTÓRIA DO LIVRO **DEZ PATINHOS** E DESCUBRA TAMBÉM COMO É QUE NOVE PODE VIRAR DEZ. ESCRITO POR GRAÇA LIMA, COMPANHIA DAS LETRINHAS, SÃO PAULO, 2010.

SETENTA E CINCO 75

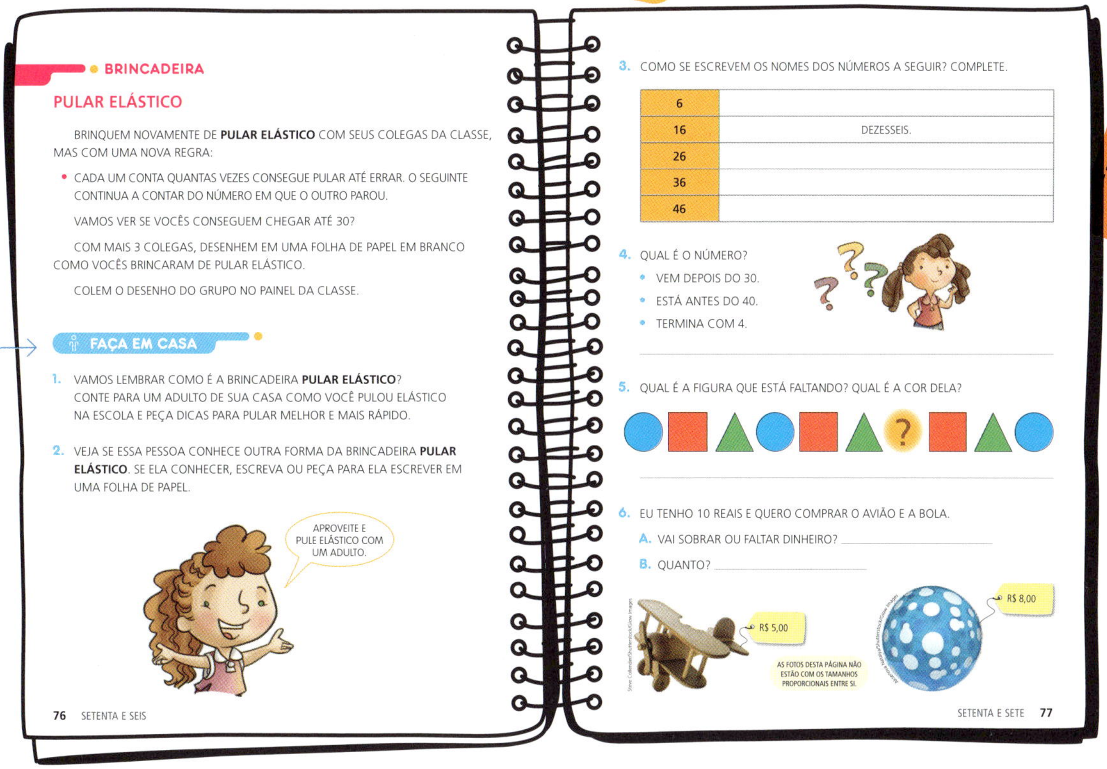

BRINCADEIRA

PULAR ELÁSTICO

BRINQUEM NOVAMENTE DE **PULAR ELÁSTICO** COM SEUS COLEGAS DA CLASSE, MAS COM UMA NOVA REGRA:

- CADA UM CONTA QUANTAS VEZES CONSEGUE PULAR ATÉ ERRAR. O SEGUINTE CONTINUA A CONTAR DO NÚMERO EM QUE O OUTRO PAROU.

VAMOS VER SE VOCÊS CONSEGUEM CHEGAR ATÉ 30?

COM MAIS 3 COLEGAS, DESENHEM EM UMA FOLHA DE PAPEL EM BRANCO COMO VOCÊS BRINCARAM DE PULAR ELÁSTICO.

COLEM O DESENHO DO GRUPO NO PAINEL DA CLASSE.

FAÇA EM CASA

1. VAMOS LEMBRAR COMO É A BRINCADEIRA **PULAR ELÁSTICO**? CONTE PARA UM ADULTO DE SUA CASA COMO VOCÊ PULOU ELÁSTICO NA ESCOLA E PEÇA DICAS PARA PULAR MELHOR E MAIS RÁPIDO.
2. VEJA SE ESSA PESSOA CONHECE OUTRA FORMA DA BRINCADEIRA **PULAR ELÁSTICO**. SE ELA CONHECER, ESCREVA OU PEÇA PARA ELA ESCREVER EM UMA FOLHA DE PAPEL.

APROVEITE E PULE ELÁSTICO COM UM ADULTO.

76 SETENTA E SEIS

3. COMO SE ESCREVEM OS NOMES DOS NÚMEROS A SEGUIR? COMPLETE.

6	
16	DEZESSEIS.
26	
36	
46	

4. QUAL É O NÚMERO?
   - VEM DEPOIS DO 30.
   - ESTÁ ANTES DO 40.
   - TERMINA COM 4.

5. QUAL É A FIGURA QUE ESTÁ FALTANDO? QUAL É A COR DELA?

6. EU TENHO 10 REAIS E QUERO COMPRAR O AVIÃO E A BOLA.
   A. VAI SOBRAR OU FALTAR DINHEIRO?
   B. QUANTO?

R$ 5,00

R$ 8,00

AS FOTOS DESTA PÁGINA NÃO ESTÃO COM OS TAMANHOS PROPORCIONAIS ENTRE SI.

SETENTA E SETE 77

FAÇA EM CASA

ESTE É O MOMENTO DE USAR O QUE VOCÊ JÁ APRENDEU E RETOMAR O QUE ESTUDOU NA ESCOLA PARA RESOLVER NOVOS PROBLEMAS, PESQUISAR MAIS ASSUNTOS, ESCREVER E LER SOBRE MATEMÁTICA NAS TAREFAS DE CASA.

O SEU LIVRO TAMBÉM POSSUI...

CULTURA DIGITAL

UM FOLHETO, LOCALIZADO NO FIM DA **PARTE 2** DE CADA VOLUME DA COLEÇÃO, COM PROPOSTAS PARA VOCÊ SE INFORMAR SOBRE TECNOLOGIAS E AMBIENTES DA INTERNET, ALÉM DE PRODUZIR INFORMAÇÕES E CONHECIMENTO.

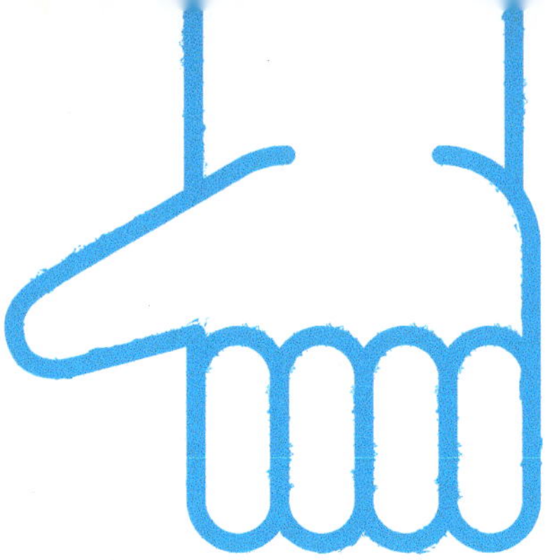

FAÇA! Matemática

Saber

Parte 1

KÁTIA CRISTINA STOCCO SMOLE

Doutora e mestre em Educação com área de concentração em ensino de Ciências e Matemática pela FEUSP. Licenciada e bacharela em Matemática pela FFCL de Moema.
Assessora de escolas públicas e privadas de Ensino Fundamental e Médio.

MARIA IGNEZ DE SOUZA VIEIRA DINIZ

Doutora, mestre e bacharela em Matemática pelo Instituto de Matemática e Estatística IME-USP.
Assessora de escolas públicas e privadas de Ensino Fundamental e Médio.

VLADEMIR MARIM

Doutor e mestre em Educação pela PUC-SP. Licenciado e bacharel em Matemática pela UniFMU. Pedagogo pela FFCL de Botucatu. Psicopedagogo pela UniFAI.
Professor e pesquisador da Universidade Federal de Uberlândia (UFU).

FTD

1ª edição | São Paulo | 2016

FTD

Copyright © Kátia Cristina Stocco Smole, Maria Ignez de Souza Vieira Diniz, Vlademir Marim, 2016

Diretor editorial	Lauri Cericato
Gerentes editoriais	Rosa Maria Mangueira, Silvana Rossi Júlio
Editora	Luciana Pereira Azevedo Remião
Editoras assistentes	Ana Carolina Suzuki Dias Cintra, Bianca Cristina Fratelli, Maria Aparecida Costa Bravo
Assistente editorial	Daniela Beatriz Benites de Paula
Gerente de produção editorial	Mariana Milani
Coordenador de produção editorial	Marcelo Henrique Ferreira Fontes
Gerente de arte	Ricardo Borges
Coordenadora de arte	Daniela Máximo
Projeto gráfico	Estúdio A+/Daniela Máximo
Projeto de capa	Juliana Carvalho
Supervisor de arte	Vinicius Fernandes
Edição de arte	Estúdio Anexo
Diagramação	Estúdio Anexo
Tratamento de imagens	Ana Isabela Pithan Maraschin, Eziquiel Racheti
Coordenadora de ilustrações e cartografia	Marcia Berne
Ilustrações	Estúdio Mil, Glair Arruda, Ilustra Cartoon
Coordenadora de preparação e revisão	Lilian Semenichin
Supervisora de preparação e revisão	Izabel Cristina Rodrigues
Preparação	Renato Colombo Jr.
Revisão	Iara R. S. Mletchol, Jussara R. Gomes, Yara Affonso
Coordenador de iconografia e licenciamento de textos	Expedito Arantes
Supervisora de licenciamento de textos	Elaine Bueno
Iconografia	Mário Coelho
Diretor de operações e produção gráfica	Reginaldo Soares Damasceno

Dados Internacionais de Catalogação na Publicação (CIP)
(Câmara Brasileira do Livro, SP, Brasil)

Smole, Kátia Cristina Stocco
Faça matemática saber, 1º ano : parte 1 e 2 / Kátia Cristina Stocco Smole, Maria Ignez de Souza Vieira Diniz, Vlademir Marim. -- 1. ed. -- São Paulo : FTD, 2016.

ISBN 978-85-96-00411-4 (aluno)
ISBN 978-85-96-00412-1 (professor)

1. Matemática (Ensino fundamental) I. Diniz, Maria Ignez de Souza Vieira. II. Marim, Vlademir. III. Título.

16-03486 CDD-372.7

Índices para catálogo sistemático:
1. Matemática : Ensino fundamental 372.7

2 3 4 5 6 7 8 9

EDITORA FTD
Rua Rui Barbosa, 156 – Bela Vista – São Paulo-SP
CEP 01326-010 – Tel. 0800-772-2300
Caixa Postal 65149 – CEP da Caixa Postal 01390-970
www.ftd.com.br
E-mail: central.relacionamento@ftd.com.br

Impresso no Parque Gráfico da Editora FTD
Avenida Antonio Bardella, 300
Guarulhos-SP – CEP 07220-020
Tel. (11) 3545-8600 e Fax (11) 2412-5375

APRESENTAÇÃO

ESCREVEMOS ESTE LIVRO PENSANDO EM VOCÊ.

PARA ISSO, LEMBRAMOS DE COMO É BOM SER CRIANÇA, DE COMO CRIANÇA TEM VONTADE DE APRENDER, MAS NÃO NOS ESQUECEMOS TAMBÉM DE QUE CRIANÇA GOSTA DE BRINCAR E DE FAZER COISAS BONITAS.

PÁGINA A PÁGINA, VOCÊ VAI PERCEBER QUE PLANEJAMOS MUITAS ATIVIDADES DIFERENTES COM JOGOS, BRINCADEIRAS, DOBRADURAS, MONTAGENS, LEITURA E ESCRITA, COMPUTADOR E MUITA, MUITA ARTE.

ALÉM DISSO, O MUNDO DOS NÚMEROS E DAS FORMAS ESPERA POR VOCÊ. NELE, VOCÊ CONHECERÁ OS NÚMEROS E SABERÁ PARA QUE ELES SERVEM, APRENDERÁ A CALCULAR DE MUITAS MANEIRAS, CONHECERÁ AS FIGURAS POR SEUS NOMES E POR SUAS PROPRIEDADES, APRENDERÁ A FAZER MEDIÇÕES E A RESOLVER MUITOS PROBLEMAS.

ESPERAMOS QUE VOCÊ GOSTE E APRENDA MUITO.

OS AUTORES

SUMÁRIO

Parte 1

UNIDADE 1

NO VAMOS CONTAR? 10
CONTAGEM

G O CÍRCULO 11

G DESAFIO DA CENTOPEIA 13
PERCEPÇÃO ESPACIAL

NO SOMANDO CINCO 14
ADIÇÃO

NO CÍRCULOS COM NÚMEROS 15
LEITURA E ORDENAÇÃO DE NÚMEROS

NO SOMANDO CINCO 16
ADIÇÃO

G DESAFIO DA CENTOPEIA 17

G CIRCULANDO 17
PERCEPÇÃO ESPACIAL

G FORMANDO FIGURAS 18

SEU PROBLEMA AGORA É... 19

GM COMPARANDO 19

UNIDADE 2

GM O CALENDÁRIO 22
TEMPO E NÚMEROS ATÉ 20

NO CONSTRUINDO MUROS 25
ADIÇÃO

G CONHECENDO O CUBO 26
CUBO

GM CONTANDO NO CALENDÁRIO 27

NO QUANTOS SÃO? 28

G EXPLORANDO FIGURAS COM O CORPO 29
FIGURAS PLANAS

G PULAR MACACA 30
PERCEPÇÃO ESPACIAL E CONTAGEM

NO CONSTRUINDO MUROS 32
ADIÇÃO

EP QUADRINHOS EM DESTAQUE 33
COLETA E ORGANIZAÇÃO DE DADOS

G PULAR MACACA 34
PERCEPÇÃO ESPACIAL E CONTAGEM

NO CONSTRUINDO MUROS 34
ADIÇÃO

SEU PROBLEMA AGORA É... 35

EP ESTATÍSTICA E PROBABILIDADE **G** GEOMETRIA **GM** GRANDEZAS E MEDIDAS **NO** NÚMEROS E OPERAÇÕES

UNIDADE 3

NO **A TRILHA DA AVENTURA** 38
CONTAGEM

G **PASSA-BOLA** 41
PERCEPÇÃO ESPACIAL

GM **SALADA COLORIDA** 42
NOÇÃO DE MASSA

NO **A TRILHA DA AVENTURA** 43
COMPARAÇÃO DE NÚMEROS

G **EMPILHANDO CUBOS** 44

G **O CUBO E O QUADRADO** 45

G **PASSA-BOLA** 45

NO **VAMOS ESCREVER OS NÚMEROS?** 46

NO **BINGO DE NÚMEROS** 47
LEITURA E ESCRITA DE NÚMEROS

SEU PROBLEMA AGORA É... 48

G **PASSA-BOLA** 48

NO **QUANTOS SÃO?** 49

UNIDADE 4

G **ZIGUE-ZAGUE** 52
PERCEPÇÃO ESPACIAL

SEU PROBLEMA AGORA É... 53

G **ZIGUE-ZAGUE** 54

NO **SOMANDO 10** 55
ADIÇÃO

GM **CHEIO OU VAZIO** 56

G **ZIGUE-ZAGUE** 57

G **BOLA OU ESFERA?** 58

EP **EM FAMÍLIA** 59
GRÁFICO

NO **SOMANDO 10** 59
ADIÇÃO

G **CAMINHOS DO REI** 60
SIMETRIA

GM **ESTIMANDO** 61
NOÇÃO DE CAPACIDADE

SEU PROBLEMA AGORA É... 62

UNIDADE 5

SEU PROBLEMA AGORA É... 67

G **PULAR ELÁSTICO** 68
PERCEPÇÃO ESPACIAL

G **TRANSFORMANDO** 69

NO **QUADRO DOS 50 NÚMEROS** 70
LEITURA E ESCRITA DE NÚMEROS

G **PULAR ELÁSTICO** 71
PERCEPÇÃO ESPACIAL

EP **ARCO-ÍRIS** 72
GRÁFICO EM BARRAS

GM **NOSSO DINHEIRO** 73
SISTEMA MONETÁRIO E ADIÇÃO

SEU PROBLEMA AGORA É... 75

G **PULAR ELÁSTICO** 76
CONTAGEM

G **PELOS CAMINHOS DA ARTE** 78
NUTRIÇÃO ESTÉTICA

GM **MAIS ALTO OU MAIS BAIXO?** 79
MEDIDAS DE COMPRIMENTO

EP **TRANSFORMANDO GRÁFICO EM TABELA** 80

EP ESTATÍSTICA E PROBABILIDADE **G** GEOMETRIA **GM** GRANDEZAS E MEDIDAS **NO** NÚMEROS E OPERAÇÕES

Parte 2

UNIDADE 6

NO **BOLA AO CESTO** 86
PERCEPÇÃO ESPACIAL E CONTAGEM

GM **SUCO DE MAMÃO** 87
NOÇÃO DE CAPACIDADE

NO **JOGO NO QUADRO DOS 50** 88
SISTEMA DE NUMERAÇÃO DECIMAL

G **VAMOS DESENHAR?** 90
PERCEPÇÃO DE FIGURAS

NO **BOLA AO CESTO** 91

NO **ESCREVENDO MAIS NÚMEROS** 91

NO **BOLA AO CESTO** 92

NO **JOGO NO QUADRO DOS 50** 92

G **PELOS CAMINHOS DA ARTE** 93
NUTRIÇÃO ESTÉTICA

UNIDADE 7

G **CONHECENDO UMA NOVA FORMA** 96

NO **QUADRO DA CENTENA** 98
SISTEMA DE NUMERAÇÃO DECIMAL

NO **REFORMANDO** 100
SUBTRAÇÃO

SEU PROBLEMA AGORA É... 101

GM **CUBOS E PALMOS** 102
NOÇÃO DE COMPRIMENTO

NO **A COLEÇÃO DE CAIXAS** 103
ADIÇÃO E SUBTRAÇÃO

G **MELI-MELÔ** 104
FIGURAS PLANAS

G **QUAL É A FORMA?** 106
FIGURAS GEOMÉTRICAS

GM **MEDINDO COM O CORPO** 107
MEDIDAS DE COMPRIMENTO

G **QUAL É A FORMA?** 108

NO **REFORMANDO** 108

G **MELI-MELÔ** 109

EP ESTATÍSTICA E PROBABILIDADE **G** GEOMETRIA **GM** GRANDEZAS E MEDIDAS **NO** NÚMEROS E OPERAÇÕES

UNIDADE 8

G PELOS CAMINHOS DA ARTE 112
COMPARAÇÃO DE FIGURAS

NO CORRIDA DOS CEM NÚMEROS 113
CONTAGEM E ADIÇÃO

G CONSTRUINDO FIGURAS 114
FIGURAS PLANAS

SEU PROBLEMA AGORA É... 115

NO CORRIDA DOS CEM NÚMEROS 116
ADIÇÃO

GM O QUE VOCÊ CONSEGUE CARREGAR? 117

GM BALANÇAS PARA MEDIR 118

EP CONSTRUINDO UM GRÁFICO DA CLASSE 120
COLETA DE DADOS E GRÁFICO EM BARRAS

GM MOEDA, MOEDINHA 122
SISTEMA MONETÁRIO

NO CORRIDA DOS CEM NÚMEROS 124
ADIÇÃO

SEU PROBLEMA AGORA É... 125

UNIDADE 9

NO PONTINHOS 128
ADIÇÃO

G ESFERA E CILINDRO 130

G BARRA-MANTEIGA 132
PERCEPÇÃO ESPACIAL E CONTAGEM

SEU PROBLEMA AGORA É... 134

GM TEM O MESMO COMPRIMENTO OU NÃO? 135
MEDIDAS DE COMPRIMENTO

NO PONTINHOS 136

G BARRA-MANTEIGA 137

G VAMOS DESENHAR? 138
FIGURAS PLANAS

SEU PROBLEMA AGORA É... 139

GM MEDINDO COM PALITOS 140
MEDIDAS DE COMPRIMENTO

G BARRA-MANTEIGA 141
PERCEPÇÃO ESPACIAL E CONTAGEM

NO PONTINHOS 142

LEIA MAIS 143

REFERÊNCIAS 144

EP ESTATÍSTICA E PROBABILIDADE | G GEOMETRIA | GM GRANDEZAS E MEDIDAS | NO NÚMEROS E OPERAÇÕES

UNIDADE 1

NESTA UNIDADE, VOCÊ VAI:

- APRENDER OS NÚMEROS DE 1 A 10.
- CONHECER O USO DOS NÚMEROS EM DIFERENTES CONTEXTOS.
- APRENDER A LER E ESCREVER NÚMEROS.
- COMPARAR QUANTIDADES.
- RESOLVER PROBLEMAS.
- LOCALIZAR-SE ESPACIALMENTE (DENTRO, FORA, PERTO, LONGE).
- CONHECER O CÍRCULO, O QUADRADO E O RETÂNGULO.
- CALCULAR SOMAS ATÉ CINCO.
- FAZER COMPARAÇÕES PARA MEDIR.

PARA COMEÇO de CONVERSA

VAMOS TAMBÉM FAZER UM BARQUINHO DE PAPEL?

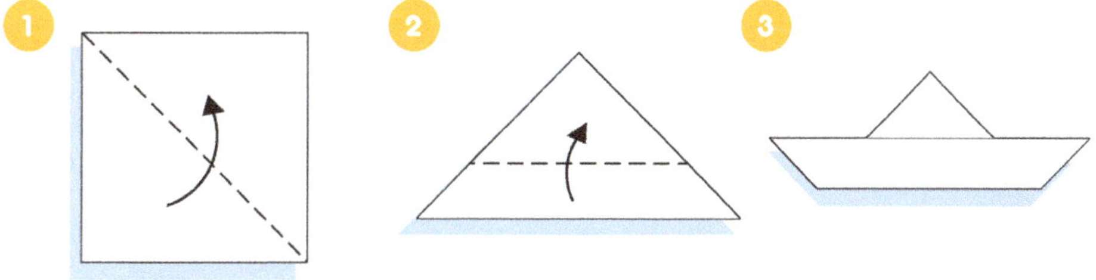

AGORA, ESCREVA SEU NOME NO SEU BARQUINHO E VAMOS JUNTOS MONTAR UM MAR DE BARQUINHOS!

VAMOS CONTAR?

CONTAR

MIRELA MENDES

CONTAR HISTÓRIAS
CONTAR VANTAGEM
CONTAR NOS DEDOS
CONTAR SEGREDOS
1, 2, 3

CONTAR TAMPINHAS
CONTAR SALTANDO
CONTAR LETRINHAS
CONTAR BRINCANDO
4, 5, 6

CONTAR QUERENDO
CONTAR JUNTANDO
CONTAR NA MÚSICA
CONTAR DANÇANDO
7, 8, 9

CONTAR TUDO
CONTAR NADA
CONTAR FLORES
CONTAR PIADA
10, 11, 12

CONTAR JOÃO
CONTAR MARIA
CONTAR TRISTEZA
E ALEGRIA
13, 14, 15

CONTAR DE COSTAS
CONTAR DE LADO
DE TRÁS PRA FRENTE
CONTAR COM A GENTE
16, 17, 18...

EU SEI CONTAR ATÉ 10. E VOCÊ, SABE CONTAR ATÉ QUANTO?
VOCÊ CONHECE A BRINCADEIRA **RODA DOS NÚMEROS**? ESCUTE COM ATENÇÃO AS INSTRUÇÕES DE SUA PROFESSORA E VAMOS BRINCAR! APROVEITE PARA APRENDER MAIS SOBRE OS NÚMEROS.

O CÍRCULO

ESTE QUADRO FOI PINTADO POR UM ARTISTA MUITO FAMOSO CHAMADO WASSILY KANDINSKY, EM 1926, HÁ MUITO, MUITO TEMPO.

Wassily Kandinsky. Óleo no papel sobre tela. 140 cm X 140 cm. New Orleans Museum of Art, New Orleans. Foto: The Bridgeman Art Library/Keystone

ALGUNS CÍRCULOS, DE WASSILY KANDINSKY, 1926.

OBSERVE-O BEM E RESPONDA:

1. O QUE SERÁ QUE O PINTOR QUIS MOSTRAR NESSE QUADRO?
2. QUE CORES ELE USOU PARA PINTAR O FUNDO DO QUADRO?
3. QUE OUTRAS CORES FORAM USADAS?
4. O NOME DESSE QUADRO É **ALGUNS CÍRCULOS**. ONDE VOCÊ ACHA QUE OS CÍRCULOS ESTÃO?
5. INVENTE OUTRO NOME PARA ESSE QUADRO.

VOCÊ CONHECE O CÍRCULO?

VEJA ALGUNS OBJETOS QUE LEMBRAM O CÍRCULO.

Moedas: Captura via escâner

AS FOTOS DESTA PÁGINA NÃO ESTÃO COM OS TAMANHOS PROPORCIONAIS ENTRE SI.

Hemera

VAMOS FAZER UMA ATIVIDADE DE DOBRADURA?

PROCURE PELA ESCOLA ALGUM OBJETO QUE TENHA TAMPA REDONDA.

AGORA, SIGA AS INSTRUÇÕES:

1

CONTORNE A TAMPA REDONDA SOBRE UMA FOLHA DE PAPEL, DESENHANDO O CONTORNO DE 3 CÍRCULOS.

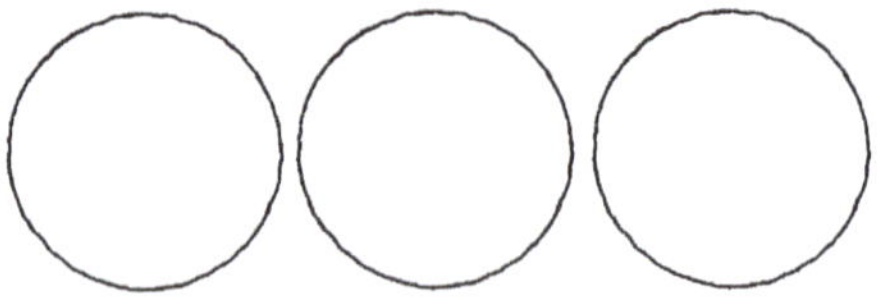

2

PINTE E RECORTE OS 3 CÍRCULOS.

3

DOBRE UM DOS CÍRCULOS AO MEIO.

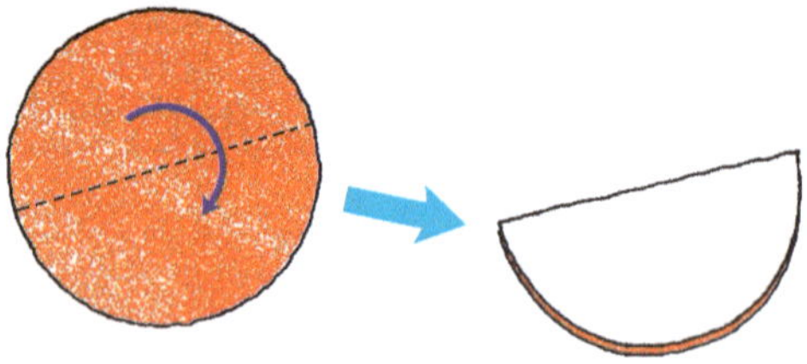

4

MONTE OS CÍRCULOS ASSIM:

5

VAMOS FAZER A FIGURA DE UM MENINO DE BONÉ? VEJA UMA FORMA PARA FAZER ISSO.

DESAFIO DA CENTOPEIA

VAMOS BRINCAR?

PARA ESTA BRINCADEIRA, OS ALUNOS DEVEM SER ORGANIZADOS EM GRUPOS DE QUATRO.

NO PÁTIO, DESENHEM CONTORNOS DE CÍRCULOS, FORMANDO UMA CENTOPEIA COMO A DO DESENHO ACIMA.

CADA GRUPO DE ALUNOS, NA SUA VEZ, DEVERÁ CUMPRIR O DESAFIO PROPOSTO PELA PROFESSORA. O GRUPO QUE CONSEGUIR GANHA UMA TAMPINHA. UMA TAMPINHA É O MESMO QUE UM PONTO.

O GRUPO QUE TERMINAR A BRINCADEIRA COM A MAIOR QUANTIDADE DE TAMPINHAS VENCE.

QUANTAS TAMPINHAS SEU GRUPO CONSEGUIU?

JOGO

SOMANDO CINCO

VOU FORMAR CINCO: 2 E 3 SÃO 5!
2
1
3

» O QUE É PRECISO?

- FORMEM GRUPOS DE 3 OU 4 ALUNOS.
- DESTAQUEM AS CARTAS DA PÁGINA 3 DO **FAÇA VOCÊ MESMO**.
- JUNTEM SUAS CARTAS COM AS DOS COLEGAS DE GRUPO E EMBARALHEM TODAS.
- DISTRIBUAM 8 CARTAS PARA CADA UM DOS JOGADORES DO GRUPO.
- CADA JOGADOR DEVE MANTER SUAS CARTAS EM UMA PILHA, À SUA FRENTE, COM OS NÚMEROS VIRADOS PARA BAIXO.

» QUAIS SÃO AS REGRAS?

1. O PRIMEIRO JOGADOR VIRA UMA CARTA E A COLOCA SOBRE A MESA.
2. CADA JOGADOR, NA SUA VEZ, VIRA UMA CARTA DE SEU MONTE E TENTA FORMAR, COM AS CARTAS DA MESA, O TOTAL 5.
3. SE CONSEGUIR, FICARÁ COM AS CARTAS EM UM MONTE SEPARADO. SE NÃO CONSEGUIR, DEIXARÁ A SUA CARTA SOBRE A MESA.
4. O JOGO TERMINA QUANDO ACABAREM AS CARTAS DOS MONTES DOS JOGADORES.
5. GANHA QUEM, NO FINAL, TIVER MAIS CARTAS FORMANDO 5.

CÍRCULOS COM NÚMEROS

NA PÁGINA 1 DO **FAÇA VOCÊ MESMO**, VOCÊ ENCONTRA 10 CÍRCULOS COLORIDOS E NUMERADOS. DESTAQUE-OS COM CUIDADO.

COM SEUS CÍRCULOS:

1. MONTE A SEQUÊNCIA DE NÚMEROS DE 1 A 10 E ESCREVA AQUI.

____

AGORA, SEPARE:

A. O NÚMERO MAIOR QUE 5 E MENOR QUE 7. ________________

B. O NÚMERO QUE VEM LOGO DEPOIS DO 3. ________________

C. OS NÚMEROS QUE VÊM DEPOIS DO 4 E ANTES DO 8. ____________

2. FAÇA A SEQUÊNCIA DE 10 ATÉ 1, DO MAIOR PARA O MENOR.

____

3. FAÇA DOIS GRUPOS DE CÍRCULOS, UM COM OS VERMELHOS E OUTRO COM OS AMARELOS. QUAIS NÚMEROS FICARAM EM CADA GRUPO? COLOQUE EM ORDEM OS NÚMEROS EM CADA GRUPO.

____

4. ESCREVA A SEQUÊNCIA DE NÚMEROS DE 1 A 10 EM SEU CADERNO.

HORA DA RODA

LENDO A HISTÓRIA **O MUNDO MÁGICO DOS NÚMEROS**, VOCÊ VAI SABER UM POUCO MAIS SOBRE OS NÚMEROS E TAMBÉM APRENDERÁ A DESENHÁ-LOS. VAI SER BEM DIVERTIDO! ESSE LIVRO FOI ESCRITO POR JUNG SUN-HYE E PUBLICADO PELA EDITORA CALLIS, DE SÃO PAULO.

JOGO

SOMANDO CINCO

JOGUE **SOMANDO CINCO** NOVAMENTE. DEPOIS, COM SEUS COLEGAS DE GRUPO, REGISTRE TODAS AS FORMAS DE CONSEGUIR O TOTAL 5 COM AS CARTAS DO JOGO.

BRINCADEIRA

DESAFIO DA CENTOPEIA

BRINQUE NOVAMENTE DE **DESAFIO DA CENTOPEIA**! DEPOIS, FAÇA UM DESENHO PARA MOSTRAR COMO FOI A BRINCADEIRA.

COM SEUS COLEGAS, MONTE UM PAINEL COM OS DESENHOS DE TODOS. APRECIEM O QUE CADA UM DESENHOU.

CIRCULANDO

OS ALUNOS DA CLASSE DE PEDRO E BRUNA ENCONTRARAM NA ESCOLA OBJETOS QUE LEMBRAM A FORMA DO CÍRCULO. VEJA:

1

VENTILADOR.

2

CD.

3

CESTO DE LIXO VISTO DE CIMA.

AS ILUSTRAÇÕES DESTA PÁGINA NÃO ESTÃO COM OS TAMANHOS PROPORCIONAIS ENTRE SI.

QUE TAL FAZER O MESMO QUE OS ALUNOS DA CLASSE DE PEDRO E BRUNA? PROCURE OBJETOS QUE LEMBREM A FORMA DO CÍRCULO E DESENHE-OS.

FORMANDO FIGURAS

MARCOS ADORA COMPOR DESENHOS USANDO FIGURAS GEOMÉTRICAS. VEJA O ÚLTIMO TRABALHO QUE ELE FEZ:

VOCÊ SABE O NOME DA FIGURA QUE MARCOS USOU EM SEU DESENHO?

VEJA COMO MARCOS CONSEGUIU CRIAR SEU DESENHO USANDO UMA FOLHA DE PAPEL RETANGULAR:

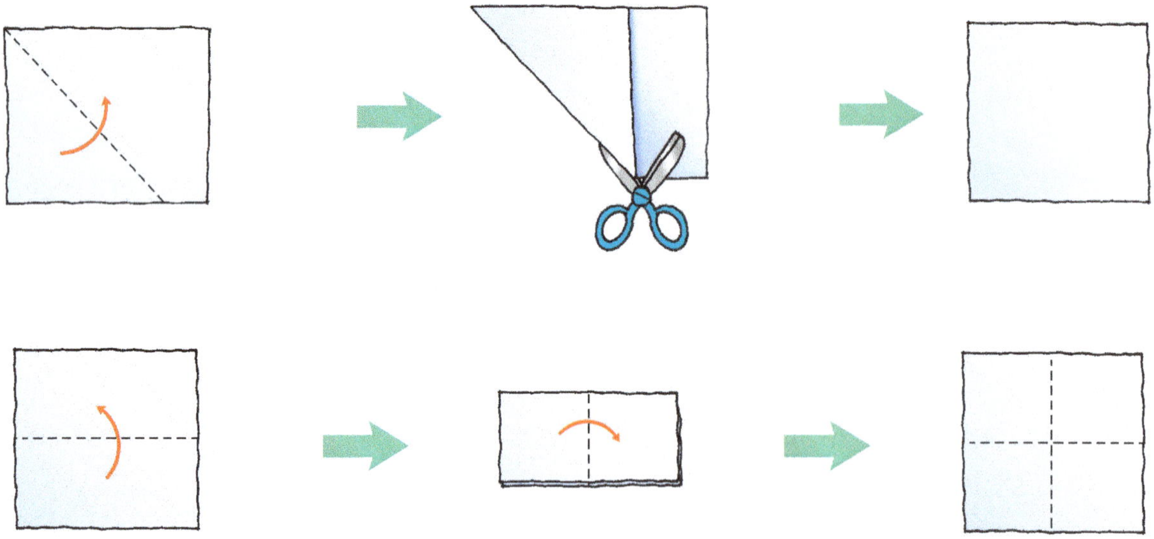

1. SIGA AS INSTRUÇÕES DOS DESENHOS PARA CONSTRUIR QUADRADOS.

2. AGORA É A SUA VEZ DE CRIAR UMA FIGURA USANDO QUADRADOS, COMO MARCOS FEZ. PINTE A FIGURA DE CADA QUADRADO QUE VOCÊ CONSTRUIU COM A COR QUE QUISER. FORME SEU DESENHO COLANDO AS FIGURAS EM UMA FOLHA.

3. DÊ UM NOME PARA SEU DESENHO E FAÇA, COM SEUS COLEGAS, UMA EXPOSIÇÃO COM TODOS OS DESENHOS DA CLASSE.

SEU PROBLEMA AGORA É...

LILÓ É A CACHORRINHA DE PEDRO. ELA ADORA TOMAR BANHO.

QUANDO CHOVE, ELA CORRE PARA SE MOLHAR NAS POÇAS DE ÁGUA E ACABA SE SUJANDO TODA.

SE VOCÊ FOSSE PEDRO, O QUE FARIA PARA LILÓ NÃO FAZER ESSE TIPO DE BAGUNÇA?

DESENHE SUA RESPOSTA EM UMA FOLHA EM BRANCO E COLE EM SEU CADERNO.

COMPARANDO

COMO PODEMOS DESCOBRIR QUEM TEM A MAIOR MÃO EM NOSSA SALA?

VEJA O QUE OS ALUNOS DA CLASSE DE LUÍZA FIZERAM PARA DESCOBRIR.

CARLOS, A MINHA MÃO É MAIS COMPRIDA QUE A SUA.
A MINHA MÃO É MAIS LARGA QUE A SUA.
A MINHA MÃO É MAIS COMPRIDA QUE A SUA.

QUANDO DESCOBRIREM A MAIOR MÃO DA CLASSE, REGISTRE A ATIVIDADE FAZENDO UM DESENHO EM SEU CADERNO.

UNIDADE 2

NESTA UNIDADE, VOCÊ VAI:

- CONTAR COM NÚMEROS ATÉ 20.
- SABER MAIS SOBRE OS DIAS DA SEMANA.
- CONSTRUIR CUBOS.
- COMPARAR QUANTIDADES.
- ADICIONAR PEQUENAS QUANTIDADES.
- LOCALIZAR-SE ESPACIALMENTE.
- COLETAR E ORGANIZAR DADOS.
- RESOLVER PROBLEMAS.

PARA COMEÇO de CONVERSA

VAMOS COMEÇAR CRIANDO MONSTRINHOS COLORIDOS.

1. ESCOLHA UMA COR DE TINTA 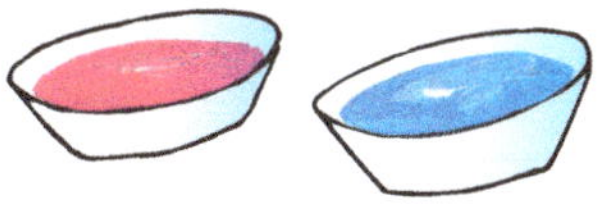 E, EM UM COPINHO, MISTURE-A COM UM POUCO DE ÁGUA. EM OUTRO COPINHO, FAÇA O MESMO COM OUTRA COR DE TINTA.

2. EM UMA FOLHA DE CARTOLINA, DESPEJE UM POUCO DESSAS TINTAS LADO A LADO. 

3. COM UM CANUDINHO, ASSOPRE FORTE SOBRE A TINTA. AS CORES VÃO SE MISTURAR E SE ESPALHAR PELA CARTOLINA. 

4. CONTINUE ASSOPRANDO E, QUANDO ACHAR QUE A FORMA DO MONSTRO ESTÁ PRONTA, FORME A CABEÇA, OS BRAÇOS E AS PERNAS COM A PONTA DO CANUDO. 

   DEIXE A TINTA SECAR.
   DEPOIS DESENHE OLHOS, BOCA, NARIZ, DENTES!

   CRIE QUANTOS MONSTROS QUISER!

O CALENDÁRIO

VOCÊ CONHECE O CALENDÁRIO?

ELE É UMA FORMA ORGANIZADA DE CONTAR O TEMPO.

VEJA COMO ELE ORGANIZA OS DIAS DO MÊS E OS DIAS DA SEMANA.

ESTE É O MÊS
DO MEU ANIVERSÁRIO.
NO DIA 25 EU VOU
FAZER 6 ANOS.

MARÇO						
DOMINGO	SEGUNDA-FEIRA	TERÇA-FEIRA	QUARTA-FEIRA	QUINTA-FEIRA	SEXTA-FEIRA	SÁBADO
		1	2	3	4	5
6	7	8	9	10	11	12
13	14	15	16	17	18	19
20	21	22	23	24	25	26
27	28	29	30	31		

OBSERVE ESSE CALENDÁRIO E RESPONDA:

1. EM QUE DIA DA SEMANA BRUNA FARÁ ANIVERSÁRIO? ______________________

2. QUANTOS DOMINGOS TEM ESSE MÊS? __________

3. QUE DIA VEM DEPOIS DO ANIVERSÁRIO DE BRUNA? ______________________

4. PINTE DE AZUL OS DIAS ENTRE 11 E 20.

VAMOS APRENDER COMO SE LEEM E COMO SE ESCREVEM ESTES NÚMEROS?

11 ONZE	15 QUINZE	19 DEZENOVE
12 DOZE	16 DEZESSEIS	20 VINTE
13 TREZE	17 DEZESSETE	
14 QUATORZE OU CATORZE	18 DEZOITO	

TREZE É O MESMO QUE DEZ MAIS TRÊS!

CMCD/Photodisc/Getty Images

CMCD/Photodisc/Getty Images

13 JOANINHAS
10 JOANINHAS MAIS 3 JOANINHAS

13 BOLINHAS
10 BOLINHAS MAIS 3 BOLINHAS

AS FOTOS DESTA PÁGINA NÃO ESTÃO COM OS TAMANHOS PROPORCIONAIS ENTRE SI.

5. DESENHE 13 OBJETOS. VOCÊ ESCOLHE O QUE DESENHAR.

6. COMPLETE ESTE LIGUE-PONTOS:

AGORA, RESPONDA:

A. QUAL É O MAIOR NÚMERO QUE APARECE NO LIGUE-PONTOS? ______

B. QUAL É O MENOR NÚMERO QUE APARECE NO LIGUE-PONTOS? ______

C. QUAIS SÃO OS NÚMEROS DO LIGUE-PONTOS QUE ESTÃO ENTRE 6 E 12?

______

D. ONDE VOCÊ ACHA QUE VIVE ESSE ANIMAL?

7. ESCREVA OS NÚMEROS QUE FALTAM NOS CÍRCULOS MAIORES.

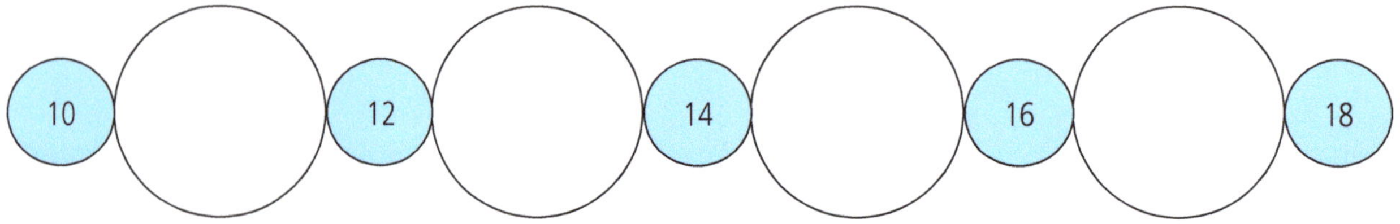

JOGO

CONSTRUINDO MUROS

CONVIDE UM COLEGA PARA JOGAR.

» O QUE É PRECISO?

- O TABULEIRO DA PÁGINA 9 DO **FAÇA VOCÊ MESMO**.
- 25 TIJOLINHOS DA PÁGINA 11 DO **FAÇA VOCÊ MESMO**.
- 2 DADOS, QUE VOCÊ DEVE MONTAR COM OS MOLDES DA PÁGINA 13 DO **FAÇA VOCÊ MESMO**.

» QUAIS SÃO AS REGRAS?

1. OS JOGADORES DECIDEM A ORDEM EM QUE CADA UM JOGA.
2. CADA UM, NA SUA VEZ, LANÇA OS DADOS E COLOCA NO MURO O NÚMERO DE TIJOLINHOS CORRESPONDENTES AO NÚMERO QUE SAIU NOS DADOS.
3. VENCE AQUELE QUE CONSTRUIR O SEU MURO PRIMEIRO.

CONHECENDO O CUBO

A FORMA DO DADO LEMBRA UM CUBO. VOCÊ UTILIZOU DADOS NO JOGO **CONSTRUINDO MUROS**.

AGORA VOCÊ VAI MONTAR DOIS CUBOS COLORIDOS.

DESTAQUE E MONTE O MOLDE AZUL DA PÁGINA 15 DO **FAÇA VOCÊ MESMO**.

ANTES DE FECHAR O CUBO COM COLA, ENCHA-O COM JORNAL OU PAPEL USADO AMASSADO PARA QUE ELE FIQUE FIRME E DURE BASTANTE.

EM UMA FOLHA DE PAPEL BRANCO, APOIE O CUBO E CONTORNE A PARTE QUE ESTÁ APOIADA NA FOLHA.

QUE FIGURA VOCÊ ENCONTROU?

CONTANDO NO CALENDÁRIO

A PROFESSORA COLOCARÁ NO QUADRO O CALENDÁRIO DO MÊS QUE VEM.

1. QUAL É O NOME DESSE MÊS? ______________________________

2. QUANTOS SÁBADOS ELE TEM? ______________________________

3. QUAL É O ÚLTIMO DIA DESSE MÊS? ______________________________

   • VAI TER AULA NESSE DIA? ______________________________

4. ALGUM COLEGA DE SUA SALA FAZ ANIVERSÁRIO NESSE MÊS? ____________

   A. QUANTOS COLEGAS? ______________________________

   B. QUAIS SÃO OS NOMES DOS ANIVERSARIANTES? ____________

   ____

5. LEIA E DEPOIS ESCREVA OS NOMES DOS DIAS DA SEMANA QUE APARECEM NOS VERSINHOS.

TODA SEMANA,
DE SEGUNDA A SEXTA-FEIRA,
VOVÓ FAZ DOCE DE BANANA.
TODO SÁBADO,
VOVÔ VENDE O DOCE NO MERCADO.
NO DOMINGO NADA DE BANANA.
DE BRAÇOS DADOS,
ELES PASSEIAM COMO NAMORADOS.

DIAS DA SEMANA: ______________________________

____

____

____

____

QUANTOS SÃO?

1. GUILHERME TEM UMA COLEÇÃO DE CARRINHOS.

SÃO MAIS DE TREZE CARRINHOS E MENOS DE QUINZE CARRINHOS EM SUA COLEÇÃO.

DESENHE UM CÍRCULO PARA CADA CARRINHO DE GUILHERME.

QUANTOS CARRINHOS ELE TEM? ______________

2. AGORA ESCREVA QUANTOS SÃO OS QUADRADOS DE CADA COR.

____

3. EM RODA, FAÇA O QUE SUA PROFESSORA PEDIR SOBRE OS NÚMEROS 17 E 19.

EXPLORANDO FIGURAS COM O CORPO

VEJA COMO OS ALUNOS DA CLASSE DE DANIEL FIZERAM PARA REPRESENTAR O CONTORNO DE ALGUMAS FIGURAS.

1. QUAL É O NOME DE CADA FIGURA QUE ELES CONTORNARAM?

2. AGORA É A VEZ DE VOCÊ E SEUS COLEGAS CONTORNAREM, COM O CORPO, AS FORMAS GEOMÉTRICAS QUE A PROFESSORA DESENHAR NO CHÃO.

3. EM RODA, CONVERSEM SOBRE ESSA ATIVIDADE.

A. QUE DIFICULDADES VOCÊS SENTIRAM PARA REPRESENTAR AS FIGURAS?

B. QUAL FIGURA FOI MAIS FÁCIL DE REPRESENTAR?

4. EM UMA FOLHA EM BRANCO, FAÇA UM DESENHO PARA MOSTRAR O QUE VOCÊ APRENDEU NESSA ATIVIDADE.

BRINCADEIRA

PULAR MACACA

OBSERVE A REPRESENTAÇÃO DE UMA CRIANÇA BRINCANDO DE PULAR MACACA.

VOCÊ CONHECE ESSA BRINCADEIRA?

Julia Wegener/Shutterstock

Luiz Antonio Gagliastri. 2011. Bronze e alumínio. Coleção particular

ESTÁTUA DE CRIANÇA PULANDO MACACA.

VOCÊ SABIA QUE A AMARELINHA SE CHAMAVA PULAR MACACA? COMO É ESSA BRINCADEIRA? QUAIS SÃO AS REGRAS?

AGORA VOCÊ VAI APRENDER OUTRO JEITO DE BRINCAR DE AMARELINHA.

NO CHÃO, A PROFESSORA VAI DESENHAR UMA AMARELINHA COMO ESTA A SEGUIR.

VOCÊS DECIDEM A ORDEM DOS JOGADORES.

» QUAIS SÃO AS REGRAS?

1. NA SUA VEZ, O JOGADOR LANÇA UMA PEDRINHA NA CASA 1.
2. ELE DEVE PULAR EM TODAS AS CASAS, ATÉ MESMO NOS DIAS DA SEMANA, COM UM PÉ SÓ.
3. NA VOLTA, ELE NÃO DEVE PEGAR A PEDRA, MAS CHUTÁ-LA PARA FORA.
4. O DOMINGO SERVE PARA DESCANSO. NELE NÃO SE LANÇA A PEDRA E PODE-SE PISAR COM OS DOIS PÉS.
5. O JOGADOR QUE QUEIMAR QUALQUER LINHA COM O PÉ OU COM A PEDRA PERDE A VEZ DE JOGAR.
6. QUANDO COMPLETAR A SEQUÊNCIA DE 1 A 7, O JOGADOR FICA DE COSTAS PARA A AMARELINHA E LANÇA A PEDRA. SE CONSEGUIR QUE ELA CAIA EM UMA CASA, ESSA CASA SERÁ DELE, E OS OUTROS JOGADORES NÃO PODERÃO MAIS PISAR NELA, A NÃO SER QUE O DONO DA CASA AUTORIZE.
7. O VENCEDOR SERÁ AQUELE QUE CONSEGUIR O MAIOR NÚMERO DE CASAS.

HORA DA RODA

OUTRO NOME DA AMARELINHA É MARÉ. VOCÊ JÁ SABIA DISSO? CONHEÇA UM LIVRO COM MUITAS IMAGENS DE AMARELINHAS E MUITAS RIMAS FEITAS COM OS NOMES DESSA BRINCADEIRA. O NOME DO LIVRO É **MARÉ AMARELINHA**, DE DENISE ROCHAEL, PUBLICADO PELA EDITORA FORMATO, SÃO PAULO, EM 1999.

JOGO

CONSTRUINDO MUROS

JOGUE **CONSTRUINDO MUROS** OUTRA VEZ. DEPOIS, EM UMA FOLHA EM BRANCO, FAÇA UM DESENHO MOSTRANDO COMO FOI O JOGO COM SEU COLEGA DE DUPLA.

HORA DA RODA

UM REDONDO PODE FAZER MUITAS COISAS COM OUTROS REDONDOS: BICHOS, RODA, BOLA! MAS, SERÁ POSSÍVEL UM REDONDO SER QUADRADO? ESSE É O MAIOR PROBLEMA ENFRENTADO PELA PERSONAGEM DO LIVRO **UM REDONDO PODE SER UM QUADRADO?**, ESCRITO POR RENATO CANINI E PUBLICADO PELA EDITORA FORMATO EDITORIAL, SÃO PAULO, EM 2007.

QUADRINHOS EM DESTAQUE

VOCÊ GOSTA DE HISTÓRIAS EM QUADRINHOS? QUAL É A SUA FAVORITA?

VEJA O QUE ACONTECEU NA CLASSE DE PEDRO E ELLEN.

ELES ESCOLHERAM 4 HISTÓRIAS EM QUADRINHOS DIFERENTES PARA DESCOBRIR QUAL É A PREFERIDA DA CLASSE:

TURMA DA MÔNICA	DISNEY	LULUZINHA/ BOLINHA	PICA-PAU

NO PÁTIO DA ESCOLA, ELES FIZERAM UMA LINHA E ESCREVERAM O NOME DAS QUATRO HISTÓRIAS ESCOLHIDAS.

OS ALUNOS SE COLOCARAM EM FILA ATRÁS DO NOME DA HISTÓRIA DE SUA PREFERÊNCIA. VEJA COMO FICOU.

VAMOS CONSULTAR A CLASSE PARA SABER QUAL É A HISTÓRIA EM QUADRINHOS PREFERIDA PELA TURMA?

DESCUBRAM A HISTÓRIA EM QUADRINHOS PREDILETA DA CLASSE E DEPOIS ESCREVAM O NOME DA HISTÓRIA AQUI.

BRINCADEIRA

PULAR MACACA

BRINQUE OUTRA VEZ DE **PULAR MACACA**. DEPOIS, COM SEUS COLEGAS DE GRUPO, RESPONDA ÀS PERGUNTAS A SEGUIR.

1. ATÉ QUAL CASA VOCÊ CONSEGUIU PULAR?

___

___

2. QUEM PULOU ATÉ A CASA COM MAIOR NÚMERO?

___

___

3. ALGUÉM CONSEGUIU MARCAR ALGUMA CASA? QUEM FOI?

___

___

JOGO

CONSTRUINDO MUROS

JOGUE **CONSTRUINDO MUROS** OUTRA VEZ, MAS AGORA VAMOS MUDAR UMA REGRA.

» **NOVA REGRA:**

A DUPLA JOGA COM UM TABULEIRO SÓ. GANHA AQUELE QUE PREENCHER PRIMEIRO O TABULEIRO.

DEPOIS DO JOGO, CONVERSEM E RESPONDAM.

1. QUEM CONSTRUIU A MAIOR PARTE DO MURO? COMO VOCÊ FEZ PARA DESCOBRIR?
2. VOCÊ PREFERE ESTA FORMA DE JOGAR OU A OUTRA, EM QUE CADA UM FICA COM SEU TABULEIRO?

SEU PROBLEMA AGORA É...

BRUNA TEM DE GUARDAR SUA COLEÇÃO DE CHAVEIROS EM TRÊS POTES.

COMO ELA PODE FAZER ISSO?

DESENHE SUA SOLUÇÃO:

UNIDADE 3

NESTA UNIDADE, VOCÊ VAI:

- APRENDER A JUNTAR QUANTIDADES EM UM NOVO JOGO.
- MEDIR ENQUANTO FAZ UMA GOSTOSA SALADA.
- APRENDER A ESCREVER OS NÚMEROS.
- COMPARAR QUANTIDADES.
- APRENDER MAIS SOBRE O CUBO E O QUADRADO.
- LOCALIZAR-SE ESPACIALMENTE.
- RESOLVER PROBLEMAS.

PARA COMEÇO de CONVERSA

VAMOS FAZER BICHINHOS COM TIRAS DE PAPEL?

1. FAÇA UM NÓ EM UMA TIRA DE PAPEL.

2. APERTE O MEIO DO NÓ.

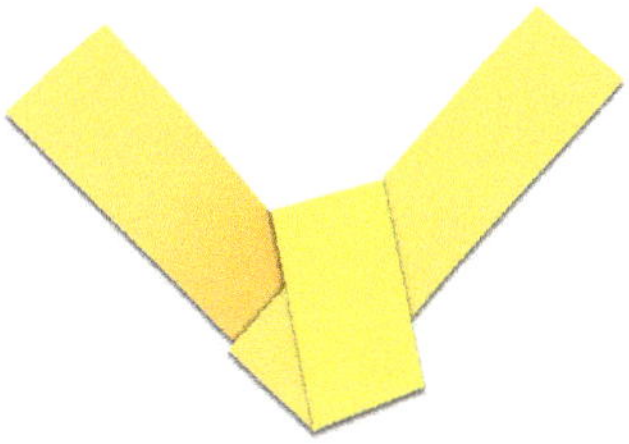

3. RECORTE AS ORELHAS E DESENHE OS OLHOS, O FOCINHO E A BOCA.

VOCÊ PODE FAZER OS BICHINHOS QUE QUISER. QUE OUTRO BICHINHO VOCÊ VAI FAZER?

A TRILHA DA AVENTURA

CRIANÇAS COMO VOCÊ CONTAM EM TODAS AS PARTES DO MUNDO. ALGUMAS USAM OUTRAS PALAVRAS PARA DIZER CADA NÚMERO.

UM DOS ÚLTIMOS POVOS DE CULTURA PASTORIL NA TERRA SÃO OS MASSAIS. ELES VIVEM NA TANZÂNIA, UM PAÍS DA ÁFRICA.

VEJA COMO O POVO MASSAI FALA OS NÚMEROS DE 1 A 10.

1 *MODJA* (UM)	●	6 *SITA* (SEIS)	●●●●●●
2 *MBILI* (DOIS)	●●	7 *SABA* (SETE)	●●●●●●●
3 *TATU* (TRÊS)	●●●	8 *NANE* (OITO)	●●●●●●●●
4 *NNE* (QUATRO)	●●●●	9 *TISA* (NOVE)	●●●●●●●●●
5 *TANO* (CINCO)	●●●●●	10 *KUMI* (DEZ)	●●●●●●●●●●

FONTE DE PESQUISA: LAURIE KREBS E JULIA CAIRNS. **UM SAFÁRI NA TANZÂNIA**. PG. 32
SÃO PAULO: EDIÇÕES SM, 2007.

PEDRO E SEUS COLEGAS DE SALA GOSTARAM MUITO DE PESQUISAR OS POVOS DA ÁFRICA E SE ENCANTARAM COM AS PAISAGENS E OS ANIMAIS DE LÁ.

DECIDIRAM, ENTÃO, CONSTRUIR UM JOGO DE TRILHA.

VAMOS CONSTRUIR A TRILHA DA AVENTURA? O QUE É PRECISO?

DESTAQUE OS CÍRCULOS VERDES DA PÁGINA 17 DO **FAÇA VOCÊ MESMO**. EM GRUPOS DE 3 OU 4 COLEGAS, JUNTE OS CÍRCULOS E COM ELES REPRESENTE O CAMINHO DO INÍCIO ATÉ O FIM.

VEJA COMO FICOU A TRILHA QUE PEDRO E TRÊS AMIGOS FIZERAM.

VOCÊ E SEUS COLEGAS PODEM DESENHAR CENAS NO CAMINHO E MONTAR A TRILHA DENTRO DE UMA PAISAGEM. PARA FAZER UMA COMPOSIÇÃO BEM BONITA, USEM OS ADESIVOS DA PÁGINA 61 DO **FAÇA VOCÊ MESMO**.

CRIEM À VONTADE!

AGORA, BRINQUE COM SEUS COLEGAS E COM A TRILHA QUE CONSTRUÍRAM.

» O QUE MAIS É PRECISO?

- 2 DADOS.
- MARCADORES DE CORES DIFERENTES, UM PARA CADA JOGADOR.

» QUAIS SÃO AS REGRAS?

1. DECIDAM QUEM COMEÇA.
2. CADA UM COLOCA SEU MARCADOR NO INÍCIO DA TRILHA.
3. NA SUA VEZ, O JOGADOR LANÇA OS DADOS E COM SEU MARCADOR ANDA SOBRE O CAMINHO A MESMA QUANTIDADE DE CÍRCULOS QUE O TOTAL DE PONTOS QUE SAIU NOS DADOS.
4. GANHA O JOGO O PRIMEIRO QUE CHEGAR AO FIM DA TRILHA.

HORA DA RODA

QUE TAL CONHECER A ÁFRICA E O POVO MASSAI? FAÇA UMA EXCURSÃO COM O POVO MASSAI PELAS SAVANAS, CRATERAS E LAGOAS QUE ENCANTAM O OLHAR NAS PÁGINAS DO LIVRO **UM SAFÁRI NA TANZÂNIA**, ESCRITO POR LAURIE KREBS E JULIA CAIRNS, EDIÇÕES SM, 2007.

BRINCADEIRA

PASSA-BOLA

ESTA É UMA BRINCADEIRA DE BOLA DIFERENTE. LEIAM AS REGRAS E CONVERSEM NA CLASSE PARA PLANEJAR ONDE PODERÃO BRINCAR, DO QUE PRECISARÃO E COMO FORMARÃO AS DUPLAS.

» O QUE É PRECISO?

- DUAS TAÇAS FEITAS DE GARRAFAS PLÁSTICAS CORTADAS AO MEIO PARA CADA DUPLA COM O AUXÍLIO DE UM ADULTO.
- BOLA DE MEIA OU BORRACHA.

» QUAIS SÃO AS REGRAS?

1. UM JOGADOR DEVE FICAR DE FRENTE PARA O OUTRO, A UMA DISTÂNCIA DE 4 PASSOS ENTRE ELES.
2. AS DUPLAS DECIDEM QUEM INICIARÁ COM A BOLA.
3. O JOGADOR ESCOLHIDO COLOCARÁ A BOLA DENTRO DA TAÇA E LANÇARÁ PARA O SEU COLEGA, QUE DEVERÁ PEGÁ-LA TAMBÉM COM SUA TAÇA.
4. O VENCEDOR DA DUPLA É AQUELE QUE DEIXAR A BOLA CAIR NO CHÃO O MENOR NÚMERO DE VEZES.
5. OS VENCEDORES DE CADA DUPLA DISPUTARÃO UMA PARTIDA FINAL PARA DESCOBRIR QUEM É O MELHOR PASSA-BOLA DA CLASSE.

DEPOIS DA BRINCADEIRA, PEGUE UMA FOLHA EM BRANCO E LÁPIS DE COR OU CANETA COLORIDA. FAÇA UM DESENHO PARA MOSTRAR COMO FOI A ATIVIDADE.

SALADA COLORIDA

VOCÊ GOSTA DE COMER SALADA? QUE TAL FAZER COM SEUS COLEGAS DE CLASSE UMA DELICIOSA SALADA COLORIDA?

O QUE É PRECISO

ORGANIZEM-SE PARA TRAZER DE CASA: TOMATES, PEPINOS, CENOURAS, BETERRABAS, SAL, LIMÃO E AZEITE.

Mageon/Shutterstock/ Glow Images

Nattika/Shutterstock/Glow Images

O QUE FAZER

VOCÊS AJUDAM A PROFESSORA A:

- LAVAR OS INGREDIENTES.
- DESCARTAR AS CASCAS QUE NÃO SERÃO USADAS.
- ARRUMAR OS INGREDIENTES EM UM PRATO.
- FAZER O MOLHO MISTURANDO O SAL, O SUCO DO LIMÃO E O AZEITE.
- TEMPERAR A SALADA COM ESSE MOLHO.

Ulkastudio/Shutterstock/Glow Images

Alexander Dashewsky/ Shutterstock/Glow Images

AS FOTOS DESTA PÁGINA NÃO ESTÃO COM OS TAMANHOS PROPORCIONAIS ENTRE SI.

EXPERIMENTE A DELICIOSA SALADA COLORIDA COM SEUS COLEGAS.

VOCÊ GOSTOU DA SALADA? DO QUE VOCÊ MAIS GOSTOU?

CONVERSE COM SEUS COLEGAS: O QUE VOCÊ COLOCARIA NA SUA SALADA?

LEMBRE-SE: QUEM USA A FACA É SÓ A PROFESSORA.

JOGO

A TRILHA DA AVENTURA

COM SEUS COLEGAS, JOGUE NOVAMENTE **A TRILHA DA AVENTURA**. DEPOIS, RESPONDA ÀS PERGUNTAS ABAIXO.

1. QUEM GANHOU O JOGO?

____

____

2. QUAL É O MAIOR NÚMERO DE CASAS QUE PODEMOS ANDAR EM UMA JOGADA?

____

____

3. QUAL É O MENOR NÚMERO DE CASAS QUE PODEMOS ANDAR EM UMA JOGADA?

____

4. VEJA ONDE ESTÁ O MARCADOR DE PEDRO. O QUE DEVE SAIR NOS DADOS PARA ELE GANHAR ESTE JOGO?

____

____

____

____

EMPILHANDO CUBOS

PARA ESTA ATIVIDADE VOCÊ VAI PRECISAR DESTACAR E MONTAR O MOLDE AMARELO DA PÁGINA 15 DO **FAÇA VOCÊ MESMO** E O CUBO AZUL CONSTRUÍDO NA ATIVIDADE **CONHECENDO O CUBO**, PÁGINA 26.

EM GRUPO

1. UTILIZANDO SEUS CUBOS, MONTEM A PILHA AO LADO.

   COMO TER CERTEZA DE QUE A PILHA É ESSA MESMA?

2. AGORA, MONTEM ESTA OUTRA PILHA AO LADO.

   QUANTOS CUBOS FORAM USADOS

   NESTA PILHA? ________

3. COM SEUS CUBOS, CRIEM UMA PILHA DIFERENTE DAS PILHAS JÁ FEITAS. POR QUE A PILHA QUE VOCÊS FIZERAM É DIFERENTE DAS QUE ESTÃO DESENHADAS NO LIVRO?

   ____

   ____

4. DESENHE, EM UMA FOLHA EM BRANCO, A PILHA QUE VOCÊS FIZERAM.

   MOSTRE SEU DESENHO PARA UM COLEGA DE OUTRO GRUPO E VEJA SE ELE CONSEGUE FAZER A PILHA SÓ OLHANDO O SEU DESENHO.

GUARDE SEUS CUBOS. ELES SERÃO USADOS DEPOIS.

O CUBO E O QUADRADO

RECORTEI TODOS ESTES QUADRADOS DE PAPEL DE MESMO TAMANHO.

FAZENDO COLAGEM COM ELES, CONSIGO MONTAR 2 CUBOS? OU FALTAM QUADRADOS? QUANTOS?

BRINCADEIRA

PASSA-BOLA

1. OBSERVEM OS DESENHOS QUE VOCÊS FIZERAM NA OUTRA VEZ QUE BRINCARAM DE **PASSA-BOLA**.

2. COM A PROFESSORA E TODOS OS AMIGOS DA CLASSE, RELEMBREM AS REGRAS E PLANEJEM COMO BRINCAR NOVAMENTE DE **PASSA-BOLA**.

3. DEPOIS DE BRINCAR, VOCÊ E SEUS COLEGAS VÃO ESCREVER UM TEXTO SOBRE ESSA BRINCADEIRA COM A PROFESSORA.

   LEMBRE-SE DE DIZER O QUE É MAIS DIFÍCIL NESSE JOGO E COMO VENCER AS DIFICULDADES.

   DEPOIS, COPIE EM SEU CADERNO O TEXTO FEITO POR VOCÊS.

VAMOS ESCREVER OS NÚMEROS?

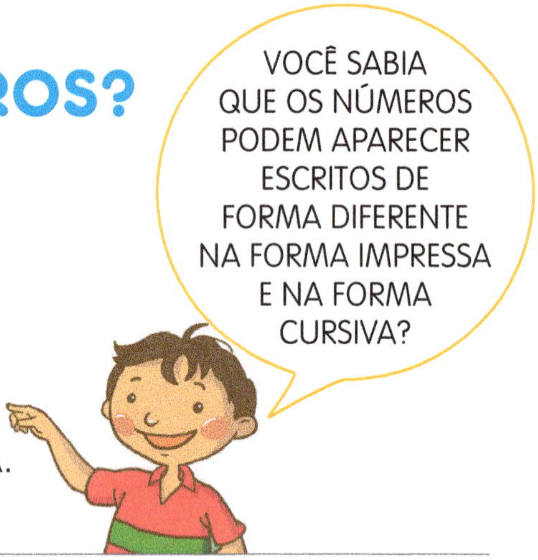
VOCÊ SABIA QUE OS NÚMEROS PODEM APARECER ESCRITOS DE FORMA DIFERENTE NA FORMA IMPRESSA E NA FORMA CURSIVA?

1. VOCÊ SABE QUE EXISTE UMA FORMA CORRETA PARA ESCREVER LETRAS E NÚMEROS?

COMECE PELO PONTO VERMELHO E SIGA AS FLECHAS PARA ESCREVER OS NÚMEROS DE 1 A 6.

ESCREVA CADA NÚMERO 6 VEZES EM CADA LINHA.

UM
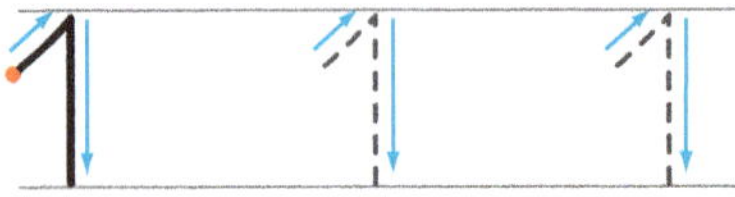

DOIS
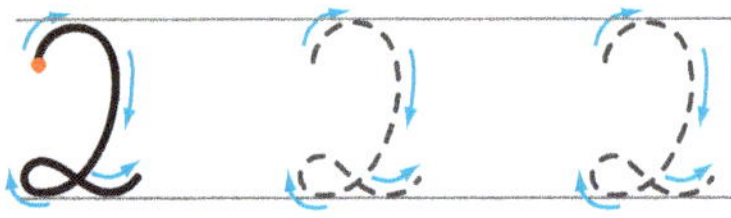

TRÊS
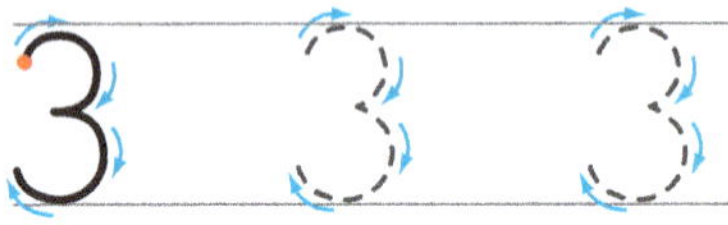

QUATRO
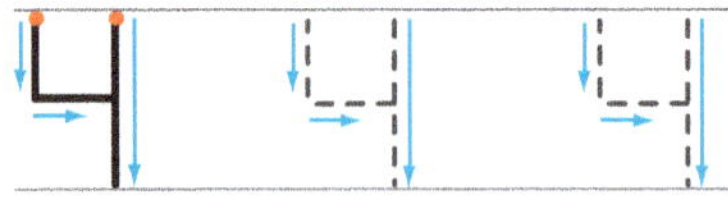

CINCO
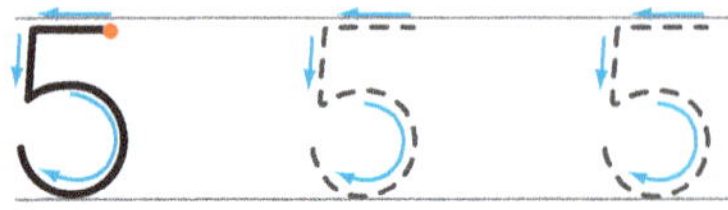

SEIS
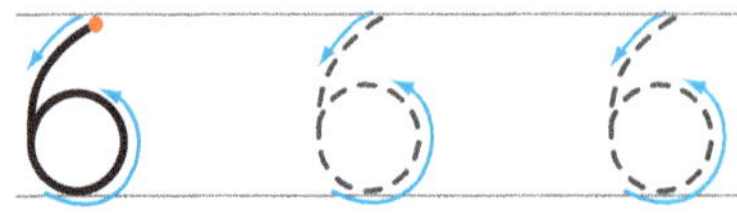

Fotos: Marcus Cappellano

2. COMPLETE COM OS NÚMEROS QUE FALTAM.

1						7	8	9	10

BINGO DE NÚMEROS

VAMOS VER SE VOCÊ SABE LER E ESCREVER OS NÚMEROS DE 1 A 10?

AQUI ESTÁ UMA CARTELA PARA VOCÊ JOGAR BINGO.

ESCOLHA 8 NÚMEROS DE 1 A 10 E ESCREVA UM EM CADA ESPAÇO DA CARTELA.

NA PÁGINA 19 DO **FAÇA VOCÊ MESMO**, HÁ MAIS DUAS DESSAS CARTELAS.

SEU PROBLEMA AGORA É...

ESTA BOLA CUSTA 5 REAIS.

QUANTO CUSTAM 3 BOLAS IGUAIS A ESTA?

BRINCADEIRA

PASSA-BOLA

LEIAM JUNTOS O TEXTO COLETIVO QUE VOCÊS FIZERAM SOBRE ESSA BRINCADEIRA.

AGORA É SÓ BRINCAR MAIS UMA VEZ! MAS COM O DESAFIO DE PENSAR:

- O QUE PODE FAZER ESSA BRINCADEIRA FICAR MAIS FÁCIL?
- O QUE PODE FAZER ESSA BRINCADEIRA FICAR MAIS DIFÍCIL?

QUANTOS SÃO?

1. QUANTOS SÃO OS MENINOS DE SUA CLASSE? ______________________

PINTE UM QUADRADINHO PARA CADA UM DELES.

2. QUANTAS SÃO AS MENINAS DE SUA CLASSE? ______________________

PINTE UM QUADRADINHO PARA CADA UMA DELAS.

3. EM RODA, RESPONDA ÀS PERGUNTAS DE SUA PROFESSORA. VOCÊ VAI FAZER MUITAS CONTAGENS.

UNIDADE

4

NESTA UNIDADE, VOCÊ VAI:

- JOGAR EM EQUIPE.
- LER E ESCREVER NÚMEROS.
- CONTAR E COMPARAR QUANTIDADES.
- RESOLVER PROBLEMAS E FAZER DIVERSAS CONTAGENS.
- FAZER MUITAS ADIÇÕES COM O RESULTADO 10.
- COMPARAR CAPACIDADES (CHEIO OU VAZIO).
- CONHECER UM REI MUITO EXIGENTE!
- COLETAR E ORGANIZAR DADOS.
- CONSTRUIR UM GRÁFICO.

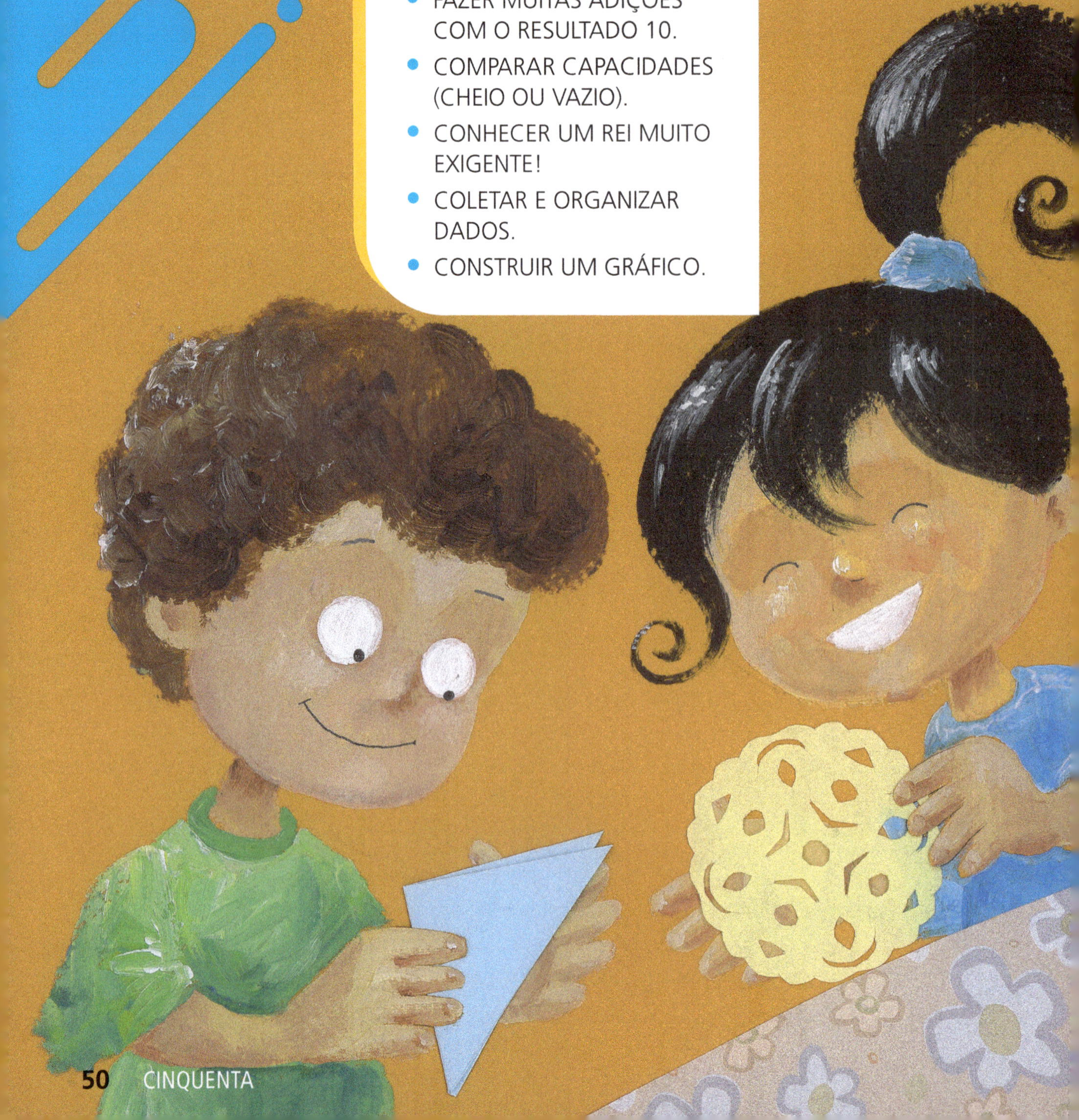

PARA COMEÇO de CONVERSA

VAMOS FAZER DESENHOS DE UM JEITO DIFERENTE: USANDO PAPEL E TESOURA!

1. DOBRE UM PAPEL QUADRADO EM TRIÂNGULOS.

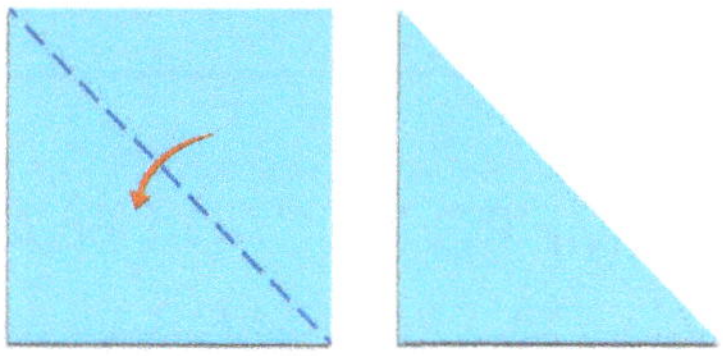

2. DOBRE NOVAMENTE.

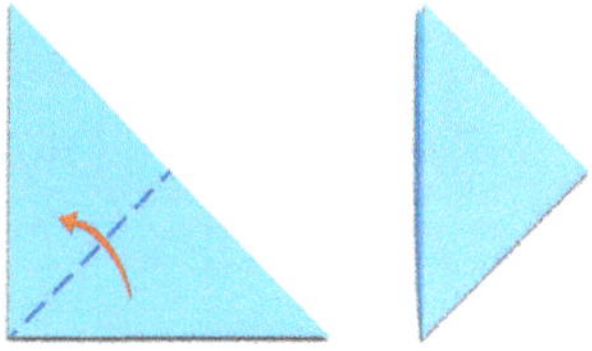

3. DOBRE MAIS UMA VEZ.

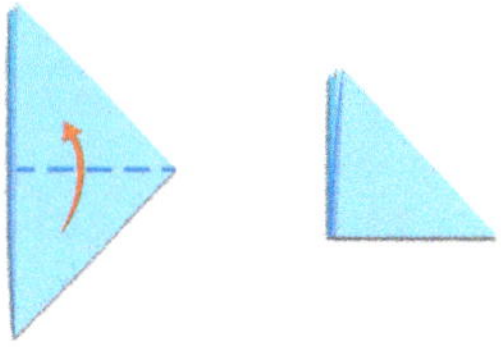

4. RECORTE RETIRANDO VÁRIOS PEDAÇOS.

5. DESDOBRE O PAPEL E VEJA O QUE VAI APARECER!

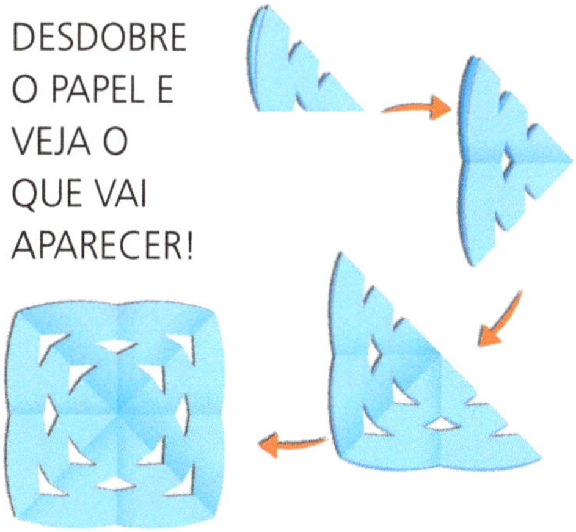

DOBRE DE OUTRO JEITO OU DOBRE MAIS VEZES, E VOCÊ ENCONTRARÁ OUTRAS FIGURAS SURPREENDENTES.

BRINCADEIRA

ZIGUE-ZAGUE

ESTA É UMA BRINCADEIRA EM EQUIPES DE 8 OU 9 ALUNOS. CADA UM PRECISA AJUDAR E COLABORAR COM OS COLEGAS DE SUA EQUIPE.

- ESCOLHAM UM NOME PARA A EQUIPE E COLOQUEM-SE EM FILA, UM AO LADO DO OUTRO.
- O PRIMEIRO DE CADA FILA PEGA O ROLO DE BARBANTE E ESPERA O SINAL DA PROFESSORA.
- QUANDO ELA DISSER "JÁ!", O PRIMEIRO DA FILA SEGURA A PONTA DO BARBANTE COM A MÃO E, SEM SOLTÁ-LA, PASSA O ROLO PARA O SEGUINTE, PARA QUE O COLEGA AO LADO PEGUE O ROLO.
- O SEGUNDO DA FILA DEVE SEGURAR O BARBANTE COM OS PÉS, SEM SOLTÁ-LO, E PASSAR O ROLO PARA QUEM ESTIVER AO LADO DELE.
- O TERCEIRO SEGURA O BARBANTE COM AS MÃOS E PASSA O ROLO PARA O COLEGA SEGUINTE, QUE DEVE SEGURÁ-LO COM OS PÉS, FORMANDO UM ZIGUE-ZAGUE.
- O ÚLTIMO DA FILA DEVE DIZER "CHEGOU!". TODOS SOLTAM O BARBANTE, E ELE ENROLA TODO O BARBANTE E ENTREGA O ROLO PARA O PRIMEIRO DA FILA.
- ATENÇÃO! O ROLO DE BARBANTE NÃO PODE CAIR NO CHÃO. SE CAIR, A EQUIPE DEVE COMEÇAR TUDO DE NOVO.
- MARCA 1 PONTO A PRIMEIRA EQUIPE QUE CONSEGUIR FAZER O ROLO DE BARBANTE VOLTAR AO PRIMEIRO DA FILA.
- AO FINAL DE VÁRIAS RODADAS, GANHA A BRINCADEIRA A EQUIPE QUE TIVER MAIS PONTOS.

SEU PROBLEMA AGORA É...

MARCOS ADORA ÁLBUNS DE FIGURINHAS.

ELE TROCA AS FIGURINHAS REPETIDAS COM SEUS COLEGAS DE CLASSE. MARCOS TROCOU 3 FIGURINHAS COM BRUNA, 2 COM DANIEL E 4 COM SEU AMIGO PEDRO.

QUANTAS FIGURINHAS ELE TROCOU?

FAÇA EM CASA

A.

ESTA É A MINHA COLEÇÃO DE BONECAS DE PANO.
TRÊS DAS MINHAS BONECAS TÊM VESTIDO VERMELHO. QUANTAS BONECAS TÊM ROUPA DE OUTRA COR?

B. UM CACHORRO TEM QUATRO PERNAS.
QUANTAS PERNAS TÊM DOIS CACHORROS?

BRINCADEIRA

ZIGUE-ZAGUE

BRINQUE NOVAMENTE COM SUA EQUIPE. DEPOIS, RESPONDA ÀS PERGUNTAS A SEGUIR.

1. QUANTOS PONTOS VOCÊS MARCARAM ATÉ AGORA? ______

2. O QUE É MAIS IMPORTANTE PARA GANHAR NESTA BRINCADEIRA? BASTA PASSAR O BARBANTE BEM DEPRESSA?

FAÇA EM CASA

VOCÊ SABIA QUE O PRIMEIRO DIA DA SEMANA É O DOMINGO?

DESENHE O QUE VOCÊ MAIS GOSTA DE FAZER EM CADA DIA DA SEMANA.

DOMINGO	SEGUNDA-FEIRA	TERÇA-FEIRA	QUARTA-FEIRA

QUINTA-FEIRA	SEXTA-FEIRA	SÁBADO

JOGO

SOMANDO 10

» O QUE É PRECISO?

- FORMEM DUPLAS.
- DESTAQUEM AS CARTAS DA PÁGINA 21 DO **FAÇA VOCÊ MESMO**.
- RETIREM A CARTA 10.
- JUNTEM AS CARTAS DOS DOIS JOGADORES E EMBARALHEM.
- COLOQUEM AS CARTAS SOBRE A MESA, VIRADAS PARA BAIXO.
- ESCOLHAM QUEM COMEÇA.

» QUAIS SÃO AS REGRAS?

1. CADA JOGADOR DEVE VIRAR DUAS CARTAS.
2. SE O TOTAL DE PONTOS DAS DUAS CARTAS FOR 10, O JOGADOR FICARÁ COM AS CARTAS PARA FORMAR SEU MONTE.
3. SE O TOTAL DAS CARTAS NÃO FOR 10, O JOGADOR VIRARÁ NOVAMENTE PARA BAIXO AS CARTAS, NO MESMO LUGAR ONDE ESTAVAM, E PASSARÁ A VEZ PARA O COLEGA DA DUPLA.
4. GANHARÁ O JOGO QUEM, NO FINAL, TIVER O MAIOR NÚMERO DE CARTAS EM SEU MONTE.

CONSEGUI FORMAR 10. VOU DEIXAR ESTAS CARTAS NO MEU MONTE.
5

CHEIO OU VAZIO

VEJA, MEU COPO ESTÁ CHEIO.

EU ESTAVA COM MUITA SEDE. O MEU COPO ESTÁ VAZIO.

NESTA ATIVIDADE, VOCÊ VAI COMPARAR A **CAPACIDADE** DE DUAS GARRAFAS.

EU ACHO QUE NA MINHA GARRAFA CABE MAIS ÁGUA QUE NA SUA.

EU ACHO QUE NA MINHA GARRAFA É QUE CABE MAIS!

COMO PODEMOS FAZER PARA DESCOBRIR EM QUAL GARRAFA CABE MAIS ÁGUA?

ORGANIZEM-SE EM DUPLAS E SIGAM AS ORIENTAÇÕES DA PROFESSORA.

BRINCADEIRA

ZIGUE-ZAGUE

DEPOIS DE BRINCAR NOVAMENTE DE **ZIGUE-ZAGUE**, TIAGO E SEUS COLEGAS DE CLASSE COMEÇARAM A FAZER UMA LISTA DE DICAS PARA JOGAR BEM. LEIA AS PRIMEIRAS DICAS E, EM SEGUIDA, COM A AJUDA DA PROFESSORA E DE SEUS COLEGAS, CONTINUE COMPLETANDO A LISTA.

DICAS PARA JOGAR ZIGUE-ZAGUE

1. SEGURAR FIRME O BARBANTE COM AS MÃOS OU COM OS PÉS.
2. NÃO SAIR DA FILA.

Optimarc/Shutterstock.com

HORA DA RODA

UM MENINO DECIDE QUE QUER SE MUDAR PARA A CASA DA AVÓ, MAS ELE TEM UM PROBLEMA: QUER COLOCAR TODAS AS SUAS COISAS FAVORITAS DENTRO DA MOCHILA. SERÁ QUE É POSSÍVEL? E NA SUA MOCHILA, CABEM TODAS AS SUAS COISAS FAVORITAS? O LIVRO **O QUE CABE NA MOCHILA?** FOI ESCRITO POR NA AE-KYUNG E YOO YPUNG-SO, EDITORA CALLIS, CAMPINAS, 2010.

BOLA OU ESFERA?

VOCÊ JÁ BRINCOU COM BOLAS E VIU MUITAS DELAS POR AÍ.

Photo Objects/Keydisc

Marinez Maravalhas Gomes

Jules Frazier/Photodisc/Getty Images

ESSAS FIGURAS LEMBRAM A FORMA DE UMA **ESFERA**.
MUITOS OBJETOS E FRUTAS SE PARECEM COM A ESFERA.

AS FOTOS DESTA PÁGINA NÃO ESTÃO COM OS TAMANHOS PROPORCIONAIS ENTRE SI.

Photo Objects/Keydisc

Photodisc/Getty Images

Photodisc/Getty Images

Photodisc/Getty Images

1. ESCREVA O NOME DE 3 OBJETOS QUE SE PARECEM COM A ESFERA.

____

____

____

2. SEGURE NA MÃO O CUBO QUE VOCÊ CONSTRUIU E UMA BOLA.
ESCREVA TRÊS DIFERENÇAS ENTRE A ESFERA E O CUBO.

____

____

____

EM FAMÍLIA

A PROFESSORA VAI ORIENTAR ESTA ATIVIDADE.

NO ESPAÇO A SEGUIR, FAÇA UM DESENHO MOSTRANDO O GRÁFICO CONSTRUÍDO PELA SUA CLASSE.

JOGO

SOMANDO 10

JOGUE NOVAMENTE **SOMANDO 10**. DEPOIS, ESCREVA EM UMA FOLHA EM BRANCO TODAS AS MANEIRAS QUE VOCÊ ENCONTROU PARA FORMAR 10 COM AS CARTAS DO JOGO.

CAMINHOS DO REI

CONHEÇA A HISTÓRIA DE UM REI MUITO EXIGENTE!

VAMOS LER JUNTOS

ERA UMA VEZ, MUITO TEMPO ATRÁS, EM UM REINO DISTANTE, UM REI MUITO EXIGENTE.

POR ONDE PASSAVA, ELE EXIGIA QUE OS DOIS LADOS DO CAMINHO TIVESSEM AS MESMAS COISAS, NAS MESMAS POSIÇÕES.

SE DE UM LADO DO CAMINHO HAVIA UMA ÁRVORE, ELE FAZIA QUESTÃO DE QUE NO OUTRO LADO TAMBÉM HOUVESSE OUTRA ÁRVORE, IGUALZINHA, COMO IMAGEM NO ESPELHO.

AGORA QUE VOCÊS JÁ CONHECEM A HISTÓRIA, SIGAM AS ORIENTAÇÕES DA PROFESSORA PARA CRIAR CAMINHOS PARA O REI PERCORRER. COLOQUEM OBJETOS DE CADA LADO DO CAMINHO E, DEPOIS, OS CUBOS COLORIDOS FEITOS POR VOCÊS.

VAMOS LÁ!

ESTIMANDO

QUANTOS COPOS CONSIGO ENCHER COM ESTA GARRAFA DE ÁGUA?

ANOTE SUA RESPOSTA NO QUADRO:

MINHA ESTIMATIVA	NÚMERO EXATO DE COPOS

SUA ESTIMATIVA FOI BOA? CONTE PARA SEUS COLEGAS COMO VOCÊ PENSOU PARA DAR A RESPOSTA.

VOCÊ E SEUS COLEGAS RESOLVERÃO ALGUNS PROBLEMAS COMO ESSE DO PEDRO. QUANDO ACABAREM, DESENHE COMO FOI A EXPERIÊNCIA COM A GARRAFA E O COPO.

SEU PROBLEMA AGORA É...

MINHA AVÓ COMPROU 12 LÁPIS.
COMO DIVIDIR ESSES 12 LÁPIS COM MEU PRIMO?
QUANTOS LÁPIS PARA MIM E
QUANTOS PARA ELE?

FAÇA EM CASA

1. PINTE COM A MESMA COR OS NÚMEROS DO QUADRO QUE SOMAM 10.

5	7	5	2	7
6	3	4	1	8
4	2	1	6	9

2. ESCREVA QUATRO DUPLAS DE NÚMEROS QUE SOMAM 10:

A. ____________ E ____________

B. ____________ E ____________

C. ____________ E ____________

D. ____________ E ____________

3. EM QUE MÊS ESTAMOS?

____

4. QUANTOS DIAS TEM ESTE MÊS?

____

5. QUANTAS QUINTAS-FEIRAS TEM ESTE MÊS?

____

6. OBSERVE UM CALENDÁRIO E COMPLETE AS FRASES.

A. O DIA QUE ESTÁ ENTRE O 18 E O 20 É O ______________.

B. O DIA QUE VEM DEPOIS DO 29 É O ______________.

7 LUCIANA TINHA 6 BOLAS COLORIDAS E GANHOU 9 BOLAS BRANCAS. DESENHE O TOTAL DE BOLAS QUE ELA TEM AGORA.

8. ESCREVA OS NÚMEROS QUE FALTAM NA SEQUÊNCIA.

9. ANA, PAULO E OTÁVIO SÃO IRMÃOS.

- OTÁVIO É MAIS NOVO QUE ANA.
- PAULO TEM 3 ANOS A MENOS QUE ANA.
- PAULO É MAIS VELHO QUE OTÁVIO.

A. QUEM É O IRMÃO MAIS VELHO?

____

B. QUEM É O IRMÃO MAIS NOVO?

____

UNIDADE 5

NESTA UNIDADE, VOCÊ VAI:

- LER E ESCREVER OS NÚMEROS ATÉ 50.
- CONSTRUIR UM GRÁFICO.
- "FAZER COMPRAS" COM AS CÉDULAS DE DINHEIRO DO LIVRO.
- COMPOR E DECOMPOR FIGURAS.
- FAZER CONTAGEM E COMPARAÇÃO DE QUANTIDADES.
- RESOLVER PROBLEMAS.
- COMPARAR COMPRIMENTOS (MAIS ALTO, MAIS BAIXO).

PARA COMEÇO de CONVERSA

VAMOS FAZER UM PAINEL COM TUBARÕES E OUTROS PEIXINHOS NO MAR?

1. PARA FAZER OS DESENHOS DESSES ANIMAIS, VOCÊ PODE UTILIZAR PAPEL DE PRESENTE OU PINTAR UMA FOLHA DE JORNAL COM UMA CAMADA DE TINTA BEM FINA.

2. DEIXE A TINTA SECAR, DEPOIS DESENHE UM PEIXE E RECORTE-O.

3. VOCÊ TAMBÉM PODE DESENHAR UM TUBARÃO E OUTROS ANIMAIS QUE VIVEM NO FUNDO DO MAR.

4. DEPOIS DE RECORTAR TODOS OS PEIXES, COLE-OS EM UMA CARTOLINA PARA REPRESENTAR O FUNDO DO MAR.

VAMOS LER JUNTOS

CAMINHOS DO REI

NASCEU O BEBÊ PRÍNCIPE!

A CIDADE DO REI VIROU UMA FESTA. TODOS QUERIAM COMEMORAR A CHEGADA DO NENÉM REAL.

AS PESSOAS COMEÇARAM A PINTAR CARTAZES COLORIDOS PARA LEVAR PARA A RUA E DIZER: **VIVA O PRÍNCIPE!**

1. FAÇA, VOCÊ TAMBÉM, UM CARTAZ PARA O PRÍNCIPE, MAS LEMBRE-SE: PARA QUE O REI GOSTE DO SEU DESENHO, UM LADO TEM QUE SER COMO O REFLEXO DO OUTRO.

SIGA AS ORIENTAÇÕES ABAIXO PARA FAZER O DESENHO PARA O PRÍNCIPE:

- DOBRE UMA FOLHA DE PAPEL BRANCO AO MEIO.

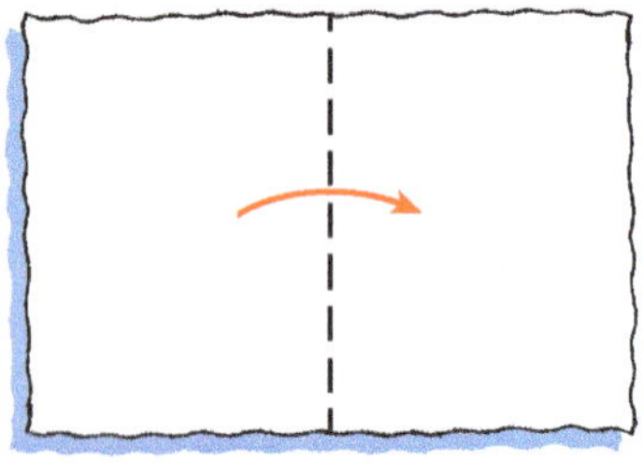

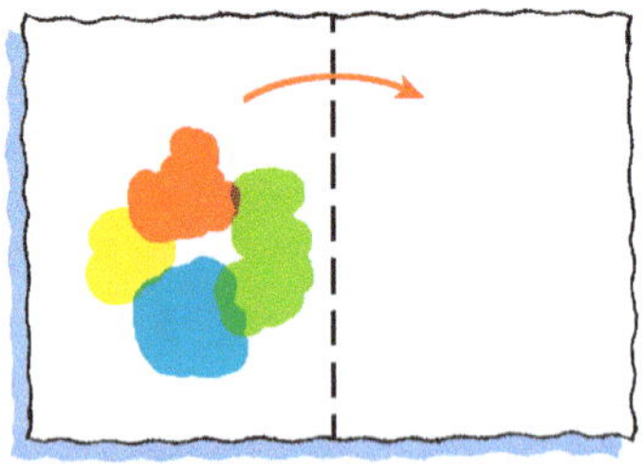

- ABRA A FOLHA E, EM UMA DAS METADES, ESPALHE TINTA DE DIVERSAS CORES.

- DOBRE A FOLHA E DESDOBRE.

2. O QUE VOCÊ OBSERVOU NO DESENHO QUE FEZ?

3. OBSERVE AS FIGURAS AO LADO, FEITAS PARA O NASCIMENTO DO PRÍNCIPE.

IMAGINE QUE VOCÊ DOBRE CADA UMA DELAS AO MEIO. ELAS FICAM COM DUAS PARTES IGUAIS, COMO NO DESENHO COLORIDO QUE VOCÊ FEZ?

SEU PROBLEMA AGORA É...

JOANA QUERIA ANDAR DE BICICLETA, MAS O PNEU ESTAVA FURADO. O QUE ELA PODE FAZER?

DESENHE AQUI:

FAÇA EM CASA

1. EU CONTEI O TOTAL DE RODAS DE 3 BICICLETAS. QUANTAS RODAS DE BICICLETA EU CONTEI?

____

2. EU CONTEI O TOTAL DE RODAS DE 3 AUTOMÓVEIS. QUANTAS RODAS DE AUTOMÓVEL EU CONTEI?

____

3. EU CONTEI O TOTAL DE PERNAS DE 3 FORMIGAS. QUANTAS PERNAS DE FORMIGA EU CONTEI?

____

BRINCADEIRA

PULAR ELÁSTICO

VOCÊ SABIA QUE A BRINCADEIRA DE PULAR ELÁSTICO VEIO DA ÁFRICA?

ALÉM DESSA BRINCADEIRA, A CULTURA BRASILEIRA TEM OUTRAS ATIVIDADES APRENDIDAS COM OS AFRICANOS. POR EXEMPLO, A CAPOEIRA.

VOCÊ CONHECE ESSA BRINCADEIRA? JÁ PULOU ELÁSTICO?

» QUAIS SÃO AS REGRAS?

1. FORME UM GRUPO COM MAIS DOIS AMIGOS.
2. CADA TRIO DEVERÁ TER UM ELÁSTICO.
3. DUAS CRIANÇAS FICAM EM PÉ, FRENTE A FRENTE, E COLOCAM O ELÁSTICO EM VOLTA DAS PERNAS, FORMANDO UM RETÂNGULO.
4. O TERCEIRO PARTICIPANTE FAZ UMA SEQUÊNCIA DE SALTOS:
   - PULAR COM OS DOIS PÉS DENTRO DO ELÁSTICO.
   - PULAR COM OS DOIS PÉS FORA DO ELÁSTICO.
   - PULAR COM OS DOIS PÉS SOBRE OS ELÁSTICOS.
   - PULAR COM OS DOIS PÉS DENTRO DO ELÁSTICO.
   - PULAR COM OS DOIS PÉS UNIDOS SOBRE O ELÁSTICO.
   - PULAR COM OS DOIS PÉS UNIDOS SOBRE O ELÁSTICO DO OUTRO LADO.
   - TERMINAR PULANDO COM OS DOIS PÉS DENTRO E EM SEGUIDA COM OS DOIS PÉS FORA DO ELÁSTICO.
   - INICIAR NOVAMENTE A SEQUÊNCIA.
5. O OBJETIVO É FAZER TODA A SEQUÊNCIA SEM TROPEÇAR.

TRANSFORMANDO

CONVERSE COM SEUS COLEGAS E RESPONDA:

1. COMO PODEMOS TRANSFORMAR UM QUADRADO EM TRÊS TRIÂNGULOS?

VEJA COMO RAQUEL FEZ:

DEPOIS DE CORTAR OS TRIÂNGULOS, ELA FORMOU FIGURAS COM ELES. VEJA:

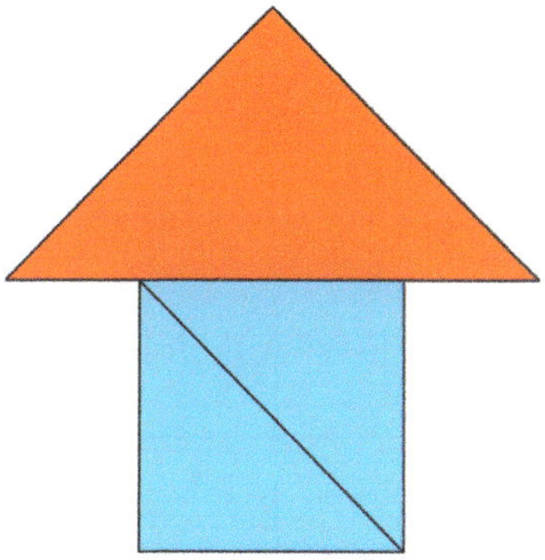

2. SUA PROFESSORA ENTREGARÁ UM QUADRADO PARA VOCÊ. RECORTE SEU QUADRADO EM TRÊS TRIÂNGULOS E MONTE FIGURAS COMO AS QUE RAQUEL FORMOU.

3. CRIE UMA FIGURA DIFERENTE USANDO OS TRÊS TRIÂNGULOS.

ESCREVA O NOME DA FIGURA QUE VOCÊ CRIOU: ______________________________

QUADRO DOS 50 NÚMEROS

OBSERVE ESTE QUADRO.

1	2	3	4	5	6	7	8	9	10
11	12	13	14	15	16	17	18	19	20
21	22	23	24	25	26	27	28	29	30
31	32	33	34	35	36	37	38	39	40
41	42	43	44	45	46	47	48	49	50

1. PINTE DE AMARELO OS NÚMEROS DA ÚLTIMA COLUNA E COPIE-OS ABAIXO.

____

2. PINTE DE AZUL OS NÚMEROS DA ÚLTIMA LINHA E ESCREVA-OS ABAIXO.

____

3. COMO SE ESCREVEM OS NOMES DOS NÚMEROS DA COLUNA LARANJA? COMPLETE:

7	
17	
27	
37	
47	QUARENTA E SETE.

BRINCADEIRA

PULAR ELÁSTICO

VAMOS **PULAR ELÁSTICO** OUTRA VEZ? MAS DESTA VEZ CONTANDO OS PULOS. QUEM DER MAIS PULOS SEM ERRAR SERÁ O VENCEDOR.

DEPOIS DA BRINCADEIRA, RESPONDA ÀS QUESTÕES:

1. QUAL MOVIMENTO FOI MAIS FÁCIL NA BRINCADEIRA DO ELÁSTICO? E O MAIS DIFÍCIL?

____

____

2. VOCÊ FEZ TODA A SEQUÊNCIA? QUANTOS PULOS VOCÊ DEU?

____

3. VOCÊ PULOU **RÁPIDO** OU **DEVAGAR**?

____

____

VOCÊ SABIA QUE **RÁPIDO** É O CONTRÁRIO DE **DEVAGAR**?

4. ESCREVA 3 COISAS QUE VOCÊ FAZ RÁPIDO E 3 COISAS QUE FAZ DEVAGAR.

RÁPIDO	DEVAGAR
1) ____________	1) ____________
2) ____________	2) ____________
3) ____________	3) ____________

5. BRUNA VAI BRINCAR DE PULAR ELÁSTICO NO RECREIO DA ESCOLA. COMO ELA PODERIA FAZER PARA PULAR MAIS RÁPIDO, SEM TROPEÇAR?

____

ARCO-ÍRIS

A CLASSE DO MARCOS FEZ UMA PESQUISA E MONTOU UM CARTAZ COM UM GRÁFICO QUE FICOU ASSIM:

MINHA COR FAVORITA É A VERDE, POIS GOSTO MUITO DA NATUREZA.

AZUL EM ALTA!
CORES PREDILETAS DOS ALUNOS DO 1º ANO
AMARELO
LARANJA
VERMELHO
VERDE
AZUL

NESTE LIVRO, OS GRÁFICOS E AS TABELAS SEM INDICAÇÃO DE FONTE FORAM ELABORADOS COM DADOS FICTÍCIOS CRIADOS PELOS AUTORES.

OLHANDO O GRÁFICO, RESPONDA:

1. SOBRE O QUE FOI A PESQUISA?

2. QUAIS CORES APARECERAM NA PESQUISA?

3. QUAL É A COR PREFERIDA NA CLASSE DE MARCOS?

4. QUAL É A SUA COR PREFERIDA?

E EM SUA CLASSE? QUAL É A COR PREFERIDA? QUE TAL PESQUISAR COM SEUS COLEGAS?

NOSSO DINHEIRO

Cédulas e moeda: Captura via escâner

ESSAS SÃO AS NOTAS E UMA DAS MOEDAS DO DINHEIRO USADO NO BRASIL. DESTAQUE AS NOTAS E MOEDAS DAS PÁGINAS 23 E 25 DO **FAÇA VOCÊ MESMO**.

1. VOCÊ JÁ COMPROU ALGUMA COISA USANDO ESSAS NOTAS OU ESSA MOEDA?

MEU TIO ME DEU UMA NOTA DE 20 REAIS PARA COMPRAR UM CARRINHO DE 8 REAIS.
O QUE VOCÊ FARÁ COM OS 12 REAIS QUE SOBRARÃO?

2. AJUDE PEDRO A COMPRAR UM OU MAIS BRINQUEDOS DA LOJA COM OS 12 REAIS QUE ELE TEM.

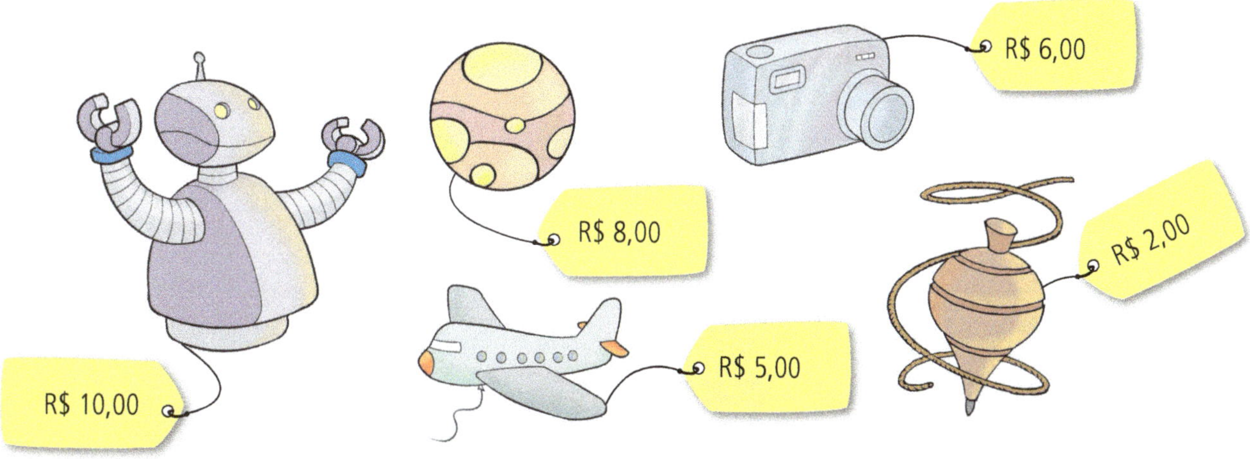
R$ 6,00
R$ 8,00
R$ 2,00
R$ 5,00
R$ 10,00

3. USANDO AS NOTAS E MOEDAS, SEPARE **12 REAIS**.

ESCOLHA ENTRE OS BRINQUEDOS MOSTRADOS NO EXERCÍCIO 2 O QUE VOCÊ QUER COMPRAR. TROQUE O DINHEIRO PARA SABER O QUE VAI SOBRAR DEPOIS DE CADA COMPRA.

4. DESENHE AS NOTAS E MOEDAS DE QUE VOCÊ VAI PRECISAR PARA COMPRAR:

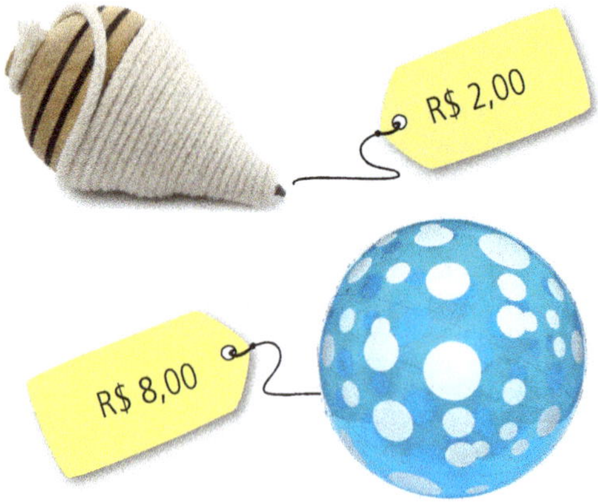
R$ 2,00
R$ 8,00

R$ 8,00
R$ 5,00

R$ 2,00
R$ 8,00
R$ 10,00

Fotos: (pião) Luis Carlos Torres/Shutterstock/Glow Images; (avião) Steve Collender/Shutterstock/Glow Images; (bola) Aksenova Natalya/Shutterstock/Glow Images; (robô) Charles Taylor/Shutterstock/Glow Images

AS FOTOS DESTA PÁGINA NÃO ESTÃO COM OS TAMANHOS PROPORCIONAIS ENTRE SI.

SEU PROBLEMA AGORA É...

COMPLETE ESTE LIGUE-PONTOS:

AGORA, RESPONDA:

1. QUAL É O MAIOR NÚMERO NO LIGUE-PONTOS? ____________________

2. ONDE VOCÊ JÁ VIU ESSE NÚMERO?

____

3. ESCREVA OS NÚMEROS **MAIORES QUE** 18 E **MENORES QUE** 26 QUE APARECEM NO LIGUE-PONTOS.

____

HORA DA RODA

NOVE PATINHOS SAÍRAM PARA PASSEAR, MUITOS DESAFIOS VÃO ENCONTRAR. LEIA A HISTÓRIA DO LIVRO **DEZ PATINHOS** E DESCUBRA TAMBÉM COMO É QUE NOVE PODE VIRAR DEZ. ESCRITO POR GRAÇA LIMA, COMPANHIA DAS LETRINHAS, SÃO PAULO, 2010.

BRINCADEIRA

PULAR ELÁSTICO

BRINQUEM NOVAMENTE DE **PULAR ELÁSTICO** COM SEUS COLEGAS DA CLASSE, MAS COM UMA NOVA REGRA:

- CADA UM CONTA QUANTAS VEZES CONSEGUE PULAR ATÉ ERRAR. O SEGUINTE CONTINUA A CONTAR DO NÚMERO EM QUE O OUTRO PAROU.

VAMOS VER SE VOCÊS CONSEGUEM CHEGAR ATÉ 30?

COM MAIS 3 COLEGAS, DESENHEM EM UMA FOLHA DE PAPEL EM BRANCO COMO VOCÊS BRINCARAM DE PULAR ELÁSTICO.

COLEM O DESENHO DO GRUPO NO PAINEL DA CLASSE.

FAÇA EM CASA

1. VAMOS LEMBRAR COMO É A BRINCADEIRA **PULAR ELÁSTICO**? CONTE PARA UM ADULTO DE SUA CASA COMO VOCÊ PULOU ELÁSTICO NA ESCOLA E PEÇA DICAS PARA PULAR MELHOR E MAIS RÁPIDO.

2. VEJA SE ESSA PESSOA CONHECE OUTRA FORMA DA BRINCADEIRA **PULAR ELÁSTICO**. SE ELA CONHECER, ESCREVA OU PEÇA PARA ELA ESCREVER EM UMA FOLHA DE PAPEL.

APROVEITE E PULE ELÁSTICO COM UM ADULTO.

3. COMO SE ESCREVEM OS NOMES DOS NÚMEROS A SEGUIR? COMPLETE.

6	
16	DEZESSEIS.
26	
36	
46	

4. QUAL É O NÚMERO?

- VEM DEPOIS DO 30.
- ESTÁ ANTES DO 40.
- TERMINA COM 4.

____

5. QUAL É A FIGURA QUE ESTÁ FALTANDO? QUAL É A COR DELA?

____

6. EU TENHO 10 REAIS E QUERO COMPRAR O AVIÃO E A BOLA.

A. VAI SOBRAR OU FALTAR DINHEIRO? _______________

B. QUANTO? _______________

Steve Collender/Shutterstock/Glow Images

AS FOTOS DESTA PÁGINA NÃO ESTÃO COM OS TAMANHOS PROPORCIONAIS ENTRE SI.

Aksenova Natalya/Shutterstock/Glow Images

PELOS CAMINHOS DA ARTE

AGORA QUE VOCÊ BRINCOU BASTANTE DE PULAR ELÁSTICO E CONHECEU OUTRAS BRINCADEIRAS, CONHEÇA AS ESCULTURAS DA ARTISTA SANDRA GUINLE.

EM SUAS OBRAS, ELA MOSTRA AS BRINCADEIRAS DE SUA INFÂNCIA EM UMA CIDADE DO INTERIOR PAULISTA.

"PULANDO CORDA".

"PULANDO FOGUINHO".

"BAMBOLÊ".

"CIRANDA MISTA".

"TREPA-TREPA 1".

Sandra Guinle. 2003. Bronze. Museu de Arte Contemporânea, São Paulo. Foto: Sandra Guinle.

QUE TAL FAZER COMO A ARTISTA? VOCÊ PODE FAZER ISSO COM MASSINHA, ARGILA OU *BISCUIT*.

ESCOLHA UMA DAS BRINCADEIRAS QUE VOCÊ JÁ APRENDEU NESTE LIVRO. PENSE BEM O QUE VOCÊ DESEJA MOSTRAR COM SUA ESCULTURA E USE SUA CRIATIVIDADE.

DEPOIS, VAMOS EXPOR AS OBRAS DE ARTE DA CLASSE?

MAIS ALTO OU MAIS BAIXO?

EM GRUPO

1. QUEM É O MAIS ALTO DE SEU GRUPO? ______________________

   E O MAIS BAIXO? ______________________

2. COMO VOCÊS FIZERAM PARA SABER QUEM ERA MAIS ALTO OU MAIS BAIXO?

   ____

   ____

3. ESCREVA OS NOMES DE 3 OBJETOS MAIS ALTOS QUE OS ALUNOS DE SEU GRUPO E 3 OBJETOS MAIS BAIXOS QUE QUALQUER UM DE VOCÊS.

MAIS ALTO QUE NÓS	MAIS BAIXO QUE NÓS
1)	1)
2)	2)
3)	3)

4. FAÇAM UMA PILHA COM OS CUBOS QUE VOCÊS CONSTRUÍRAM NA PÁGINA 26. PROCURE OBJETOS QUE TENHAM ALTURA MAIOR QUE A DESSA PILHA. DESENHE O QUE VOCÊ ENCONTROU.

TRANSFORMANDO GRÁFICO EM TABELA

NA CLASSE DE BRUNA E PEDRO, OS ALUNOS FIZERAM UMA PESQUISA SOBRE A SOBREMESA PREDILETA DA CLASSE. CADA ALUNO SÓ PODERIA ESCOLHER UMA OPÇÃO. VEJA O RESULTADO NO GRÁFICO.

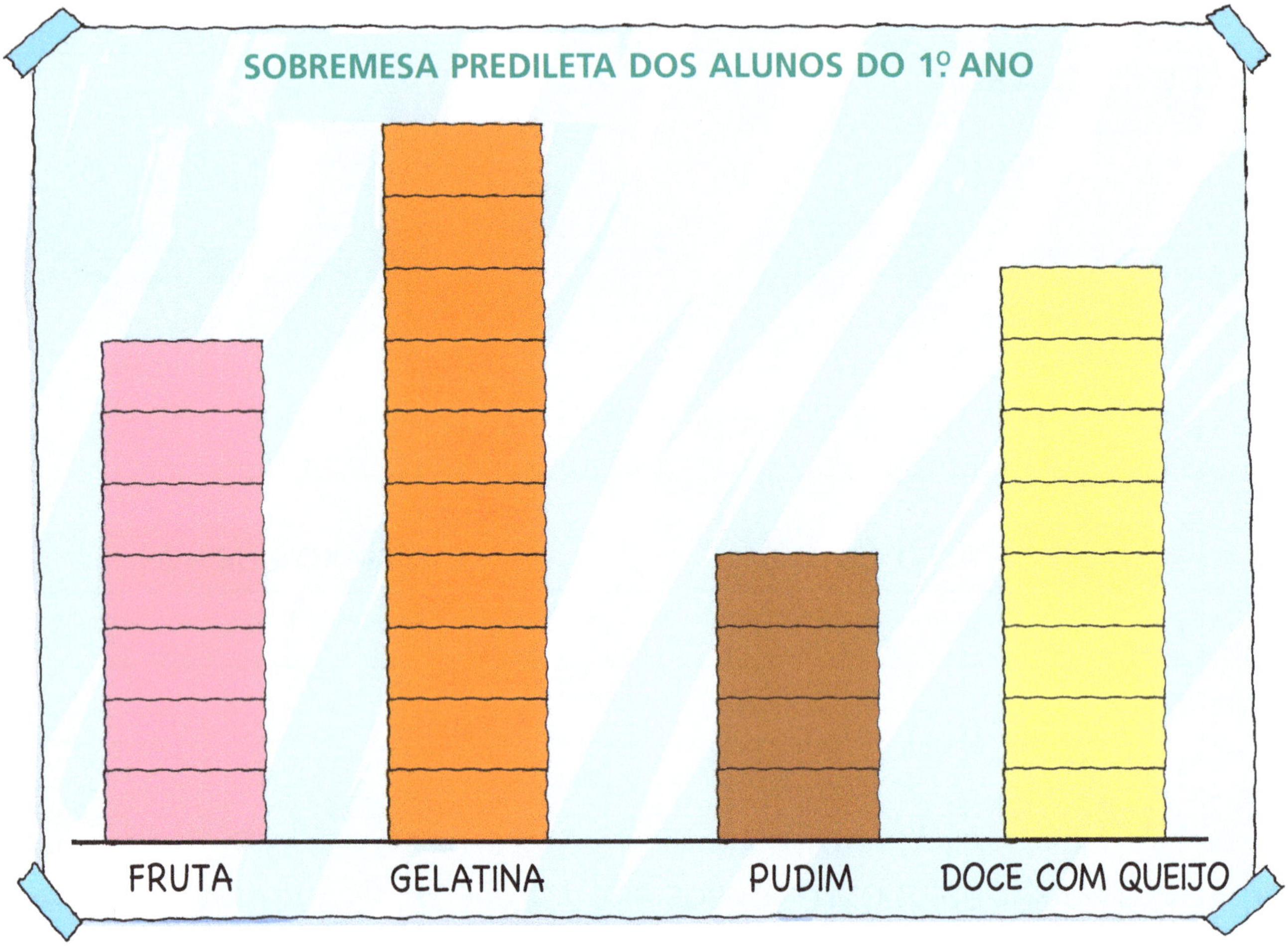

ELABORADO COM DADOS FICTÍCIOS CRIADOS PELOS AUTORES.

1. ORGANIZE AS INFORMAÇÕES DO GRÁFICO NESTA TABELA:

SOBREMESA PREDILETA DOS ALUNOS DO 1º ANO

TIPO DE SOBREMESA	FRUTA	GELATINA	PUDIM	DOCE COM QUEIJO
NÚMERO DE ALUNOS				

ELABORADO COM DADOS FICTÍCIOS CRIADOS PELOS AUTORES.

2. QUAL FOI A SOBREMESA PREDILETA DA CLASSE? ______________________

3. QUANTOS ALUNOS PARTICIPARAM DA PESQUISA? ______________________

FTD digital

Olá, aluno!

Este livro que está em suas mãos permite acessar **conteúdo multimídia** que irá tornar o seu aprendizado muito mais **dinâmico** e **profundo**. Basta utilizar o seu *código exclusivo*, impresso nesta página.

Se você já é usuário do **FTD Digital**, acesse-o usando seu **login** e sua **senha**. Então, clique em **cadastrar livro** e siga as instruções de como utilizar seu *código exclusivo*. Se você **ainda não é usuário** do **FTD Digital**, siga os passos abaixo antes de registrar seu *código exclusivo* e bons estudos.

Passo a passo:

1. Acesse: www.ftd.com.br e clique em **FTD Digital**.
2. Clique em **criar cadastro** e preencha com seus dados.
3. Em seguida, você receberá um **e-mail para ativação**. Clique no link e conclua seu cadastro.
4. Agora que você tem acesso ao ambiente **FTD Digital**, siga as orientações para o registro do seu *código exclusivo*.

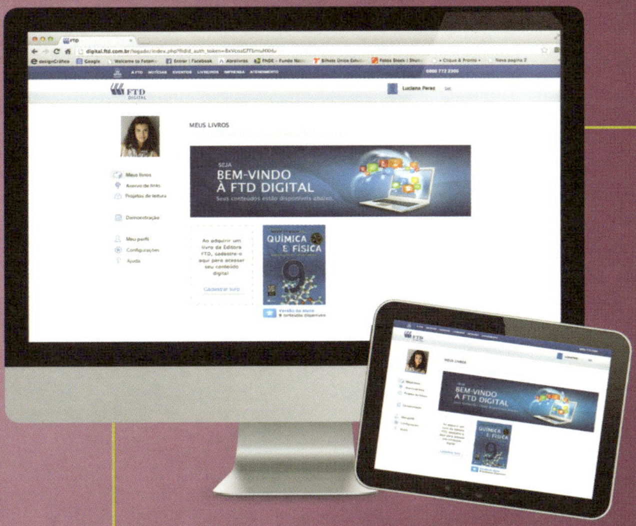

Perfil Aluno

Você terá acesso a **vídeos**, **animações**, **simuladores**, **jogos**, **infográficos**, **educlipes** e **textos** para facilitar a compreensão dos temas de seus estudos. Além disso, você poderá buscar **indicações de leitura** complementar, **fazer simulados** e **obter ajuda** para suas pesquisas na web com o **Acervo de links**.

Experimente e entre para o mundo **FTD Digital**.

Seu código exclusivo:

1131.3901.FTWM.MPFH.5SQ

www.ftd.com.br

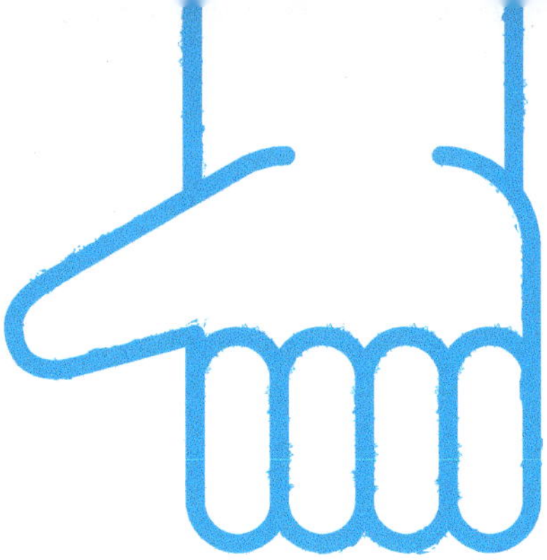

FAÇA!

Matemática

Saber

Parte 2

KÁTIA CRISTINA STOCCO SMOLE

Doutora e mestre em Educação com área de concentração em ensino de Ciências e Matemática pela FEUSP. Licenciada e bacharela em Matemática pela FFCL de Moema.
Assessora de escolas públicas e privadas de Ensino Fundamental e Médio.

MARIA IGNEZ DE SOUZA VIEIRA DINIZ

Doutora, mestre e bacharela em Matemática pelo Instituto de Matemática e Estatística IME-USP.
Assessora de escolas públicas e privadas de Ensino Fundamental e Médio.

VLADEMIR MARIM

Doutor e mestre em Educação pela PUC-SP. Licenciado e bacharel em Matemática pela UniFMU. Pedagogo pela FFCL de Botucatu.
Psicopedagogo pela UniFAI.
Professor e pesquisador da Universidade Federal de Uberlândia (UFU).

FTD

1ª edição | São Paulo | 2016

SUMÁRIO

Parte 2

UNIDADE 6

NO **BOLA AO CESTO** 86
PERCEPÇÃO ESPACIAL E CONTAGEM

GM **SUCO DE MAMÃO** 87
NOÇÃO DE CAPACIDADE

NO **JOGO NO QUADRO DOS 50** 88
SISTEMA DE NUMERAÇÃO DECIMAL

G **VAMOS DESENHAR?** 90
PERCEPÇÃO DE FIGURAS

NO **BOLA AO CESTO** 91

NO **ESCREVENDO MAIS NÚMEROS** 91

NO **BOLA AO CESTO** 92

NO **JOGO NO QUADRO DOS 50** 92

G **PELOS CAMINHOS DA ARTE** 93

UNIDADE 7

G **CONHECENDO UMA NOVA FORMA** 96

NO **QUADRO DA CENTENA** 98
SISTEMA DE NUMERAÇÃO DECIMAL

NO **REFORMANDO** 100
SUBTRAÇÃO

SEU PROBLEMA AGORA É... 101

GM **CUBOS E PALMOS** 102
NOÇÃO DE COMPRIMENTO

NO **A COLEÇÃO DE CAIXAS** 103
ADIÇÃO E SUBTRAÇÃO

G **MELI-MELÔ** 104
FIGURAS PLANAS

G **QUAL É A FORMA?** 106
FIGURAS GEOMÉTRICAS

GM **MEDINDO COM O CORPO** 107
MEDIDAS DE COMPRIMENTO

G **QUAL É A FORMA?** 108

NO **REFORMANDO** 108

G **MELI-MELÔ** 109

EP ESTATÍSTICA E PROBABILIDADE **G** GEOMETRIA **GM** GRANDEZAS E MEDIDAS **NO** NÚMEROS E OPERAÇÕES

UNIDADE 8

G **PELOS CAMINHOS DA ARTE** 112
COMPARAÇÃO DE FIGURAS

NO **CORRIDA DOS CEM NÚMEROS** 113
CONTAGEM E ADIÇÃO

G **CONSTRUINDO FIGURAS** 114
FIGURAS PLANAS

SEU PROBLEMA AGORA É... 115

NO **CORRIDA DOS CEM NÚMEROS** 116
ADIÇÃO

GM **O QUE VOCÊ CONSEGUE CARREGAR?** 117

GM **BALANÇAS PARA MEDIR** 118

EP **CONSTRUINDO UM GRÁFICO DA CLASSE** 120
COLETA DE DADOS E GRÁFICO EM BARRAS

GM **MOEDA, MOEDINHA** 122
SISTEMA MONETÁRIO

NO **CORRIDA DOS CEM NÚMEROS** 124
ADIÇÃO

SEU PROBLEMA AGORA É... 125

UNIDADE 9

NO **PONTINHOS** 128
ADIÇÃO

G **ESFERA E CILINDRO** 130

G **BARRA-MANTEIGA** 132
PERCEPÇÃO ESPACIAL E CONTAGEM

SEU PROBLEMA AGORA É... 134

GM **TEM O MESMO COMPRIMENTO OU NÃO?** 135
MEDIDAS DE COMPRIMENTO

NO **PONTINHOS** 136

G **BARRA-MANTEIGA** 137

G **VAMOS DESENHAR?** 138
FIGURAS PLANAS

SEU PROBLEMA AGORA É... 139

GM **MEDINDO COM PALITOS** 140
MEDIDAS DE COMPRIMENTO

G **BARRA-MANTEIGA** 141

NO **PONTINHOS** 142

LEIA MAIS 143

REFERÊNCIAS 144

EP ESTATÍSTICA E PROBABILIDADE **G** GEOMETRIA **GM** GRANDEZAS E MEDIDAS **NO** NÚMEROS E OPERAÇÕES

UNIDADE 6

NESTA UNIDADE, VOCÊ VAI:

- CONTAR E JOGAR NO QUADRO COM 50 NÚMEROS E BRINCAR DE BOLA AO CESTO.
- FAZER UMA DOBRADURA COM MUITA ARTE E SIMETRIA.
- COMPLETAR TABELAS.
- RESOLVER MUITOS PROBLEMAS.

AGORA VAMOS BRINCAR DE O QUE É O QUE É!
TEM 8 PONTAS.
É FORMADO SÓ POR QUADRADOS.
DECIDE UMA PARTIDA QUANDO É JOGADO.

BRINCADEIRA

BOLA AO CESTO

ORGANIZEM-SE EM EQUIPES E ESCOLHAM UM NOME PARA A SUA EQUIPE.

OS JOGADORES DE CADA TIME DEVEM FICAR EM FILA, NA FRENTE DOS CESTOS QUE A PROFESSORA VAI PROVIDENCIAR E ATRÁS DA LINHA QUE ELA FARÁ NO CHÃO.

NÃO FAÇAM FILAS MUITO PRÓXIMAS, PARA NÃO ATRAPALHAR OS COLEGAS DO OUTRO GRUPO.

» QUAIS SÃO AS REGRAS?

1. QUANDO A PROFESSORA DER UM SINAL, O PRIMEIRO DE CADA FILA JOGA A BOLA NO CESTO.
2. SE A BOLA ENTRAR NO CESTO, A EQUIPE MARCA UM PONTO.
3. QUEM JOGOU A BOLA DEVE PEGÁ-LA E ENTREGÁ-LA PARA O PRÓXIMO DA FILA E, DEPOIS, IR PARA O FIM DA SUA FILA.
4. CADA JOGADOR DEVE JOGAR 3 VEZES.
5. NO FINAL, GANHA A EQUIPE QUE FIZER MAIS PONTOS.

DEPOIS DE JOGAR, RESPONDA ÀS QUESTÕES:

- QUAL É O NOME DE SUA EQUIPE? ______________________________
- QUANTOS PONTOS SUA EQUIPE FEZ? ______________________________

SUCO DE MAMÃO

VOCÊ GOSTA DE SUCO? VAMOS FAZER UM BEM GOSTOSO?

COM O SEU PROFESSOR, VOCÊS VÃO SEGUIR ESTA RECEITA.

INGREDIENTES

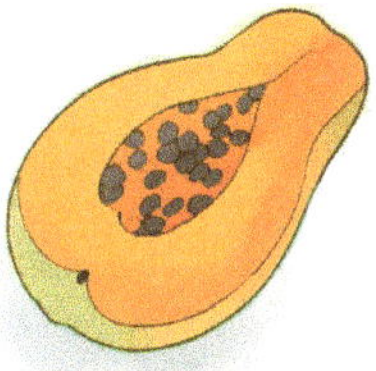

1 MAMÃO MÉDIO

2 COPOS DE ÁGUA FILTRADA

2 COLHERES (DAS DE SOPA) DE MEL

MODO DE FAZER

PEÇA AJUDA A UM ADULTO PARA DESCASCAR E PICAR O MAMÃO.

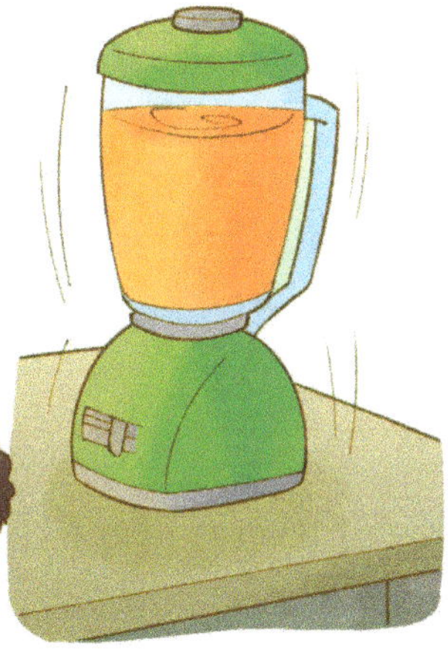

BATA TUDO MUITO BEM NO LIQUIDIFICADOR E SIRVA.

RENDE 4 COPOS. SE DESEJAR, PODE PÔR ALGUNS CUBOS DE GELO.

1. QUANTOS ALUNOS HÁ EM SUA CLASSE?

____

2. QUANTAS RECEITAS IGUAIS A ESSA SÃO NECESSÁRIAS PARA QUE TODOS TOMEM SUCO?

____

JOGO

JOGO NO QUADRO DOS 50

VOCÊ VIU, NA UNIDADE 5, O **QUADRO DOS 50 NÚMEROS**, LEMBRA-SE?

AGORA, VOCÊ VAI APRENDER UM JOGO USANDO O TABULEIRO COM ESSES NÚMEROS.

» O QUE É PRECISO?

- FORME DUPLA COM UM COLEGA DA CLASSE.
- DESTAQUE O TABULEIRO DA PÁGINA 27 DO **FAÇA VOCÊ MESMO**. CADA DUPLA IRÁ PRECISAR DE APENAS UM TABULEIRO.
- DESTAQUE E MONTE O MOLDE DO DADO ESPECIAL DA PÁGINA 29 DO **FAÇA VOCÊ MESMO**.
- 20 MARCADORES DIFERENTES PARA CADA JOGADOR. PODEM SER TAMPINHAS OU BOLINHAS DE PAPEL AMASSADO.

» QUAIS SÃO AS REGRAS?

1. EM CADA RODADA O JOGADOR USARÁ UM MARCADOR NOVO.
2. O JOGO COMEÇA NO NÚMERO 25, NA CASA AMARELA.
3. O PRIMEIRO JOGADOR LANÇA O DADO ESPECIAL E COLOCA UM MARCADOR SEU EM UMA CASA, DE ACORDO COM O QUE SAIU NO DADO. EXEMPLOS:
   - SE SAIR **1 A MAIS**, COLOCA SEU MARCADOR NO 26.
   - SE SAIR **10 A MENOS**, COLOCA SEU MARCADOR NO 15.
   - SE SAIR **MAIOR QUE**, PODE COLOCAR UM MARCADOR EM QUALQUER NÚMERO MAIOR QUE 25.
   - SE SAIR **MENOR QUE**, PODE ESCOLHER QUALQUER NÚMERO MENOR QUE 25 PARA COLOCAR UM DE SEUS MARCADORES.
4. A PARTIR DA SEGUNDA JOGADA, O JOGADOR PODE ESCOLHER QUALQUER NÚMERO JÁ MARCADO NO TABULEIRO PARA FAZER, A PARTIR DELE, O CÁLCULO INDICADO NO DADO. MAS, ATENÇÃO, CADA CASA SÓ PODE SER OCUPADA POR UM JOGADOR. SE O MARCADOR CAIR EM UMA CASA JÁ OCUPADA, O JOGADOR PERDE A VEZ.
5. CADA JOGADA DEVE SER FALADA AO COLEGA DE DUPLA, QUE DEVE CONFERIR SE O MARCADOR ESTÁ SENDO COLOCADO NO LUGAR CORRETO.

6. SE NO DADO SAIR UM CÁLCULO QUE NÃO PODE SER FEITO, O JOGADOR PERDE A VEZ.

7. GANHA O PRIMEIRO JOGADOR QUE CONSEGUIR COLOCAR 4 MARCADORES SEUS ALINHADOS, SEM NENHUM ESPAÇO OU UM MARCADOR DE SEU OPONENTE ENTRE ELES.

TEM UM MARCADOR NO 5 E NÃO POSSO FAZER 10 A MENOS QUE ELE, MAS POSSO FAZER 10 A MENOS QUE 34 E COLOCAR MEU NOVO MARCADOR NO 24.

TABULEIRO

1	2	3	4	5	6	7	8	9	10
11	12	13	14	15	16	17	18	19	20
21	22	23	24	25	26	27	28	29	30
31	32	33	34	35	36	37	38	39	40
41	42	43	44	45	46	47	48	49	50

VAMOS CONVERSAR SOBRE O QUE FOI FÁCIL E O QUE FOI DIFÍCIL NESSE JOGO?

HORA DA RODA

VOCÊ GOSTA DE VER FOTOS? FOTOS COM MUITA COR E MUITAS FORMAS, ENTRE ELAS AS TRIANGULARES E QUADRANGULARES E AS OUTRAS FORMAS QUE VOCÊ VIU NESTE LIVRO? O LIVRO **FORMAS**, DE MARIA DO CÉU PIRES PASSUELLO, PUBLICADO PELA COMPANHIA EDITORA NACIONAL, SÃO PAULO, EM 2005, TEM MUITAS FORMAS. VOCÊ VAI GOSTAR.

VAMOS DESENHAR?

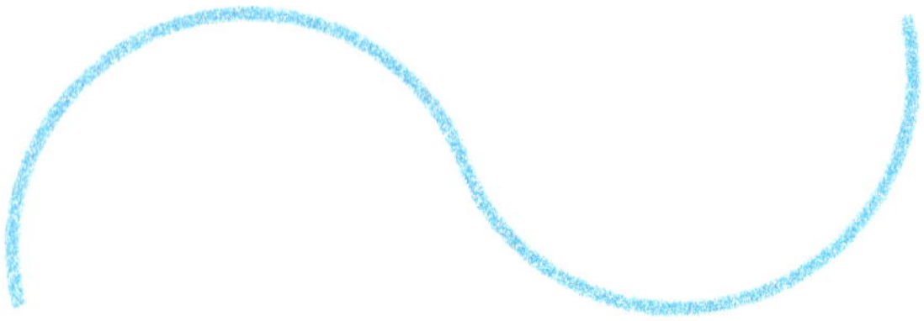

OBSERVE BEM ESTE DESENHO E FAÇA-O NO AR COM O SEU DEDO.

ELE LEMBRA ALGUMA FIGURA QUE VOCÊ CONHECE? O QUÊ?

COM UM FIO DE LINHA E COLA, TENTE FAZER ESSE DESENHO SOBRE UMA FOLHA DE PAPEL.

DEPOIS, ESCOLHA UM NOME PARA SEU DESENHO.

FAÇA EM CASA

1. ESCREVA OS NOMES DESSES ANIMAIS EM ORDEM DO MAIS PESADO PARA O MAIS LEVE.

Fotos: Hemera

____

____

____

2. UM PATO TEM DUAS PERNAS. QUANTAS PERNAS TÊM 4 PATOS?

____

Anneka/Shutterstock/ Glow Images

AS ESPÉCIES DE ANIMAIS APRESENTADOS NESTA PÁGINA NÃO ESTÃO COM OS TAMANHOS PROPORCIONAIS ENTRE SI.

BRINCADEIRA

BOLA AO CESTO

1. RELEMBREM COMO É A BRINCADEIRA E JOGUEM DE NOVO, NAS MESMAS EQUIPES.
2. DEPOIS, FAÇAM UM DESENHO EM UMA FOLHA EM BRANCO MOSTRANDO COMO FOI A BRINCADEIRA.
3. QUANTOS PONTOS SUA EQUIPE FEZ DESTA VEZ? ______

ESCREVENDO MAIS NÚMEROS

VOCÊ SABIA QUE O NÚMERO SETE PODE SER ESCRITO ASSIM: 7 OU ASSIM: 7?

VAMOS CONTINUAR A APRENDER A ESCRITA DOS NÚMEROS.

COMECE PELO PONTO VERMELHO E SIGA AS FLECHAS PARA ESCREVER OS NÚMEROS DE 7 A 9 E O ZERO.

1. ESCREVA CADA NÚMERO 6 VEZES EM CADA LINHA.

SETE

7 7 7

OITO

8 8 8

NOVE

9 9 9

ZERO

0 0 0

Fotos: Marcus Cappellano

2. COMPLETE COM OS NÚMEROS QUE FALTAM.

1			4		6				10

BRINCADEIRA

BOLA AO CESTO

1. RELEMBREM A BRINCADEIRA OLHANDO OS DESENHOS QUE VOCÊS FIZERAM. JOGUEM DE NOVO NAS MESMAS EQUIPES.

2. MARQUE NA TABELA ABAIXO OS PONTOS FEITOS NAS DUAS VEZES EM QUE VOCÊS JOGARAM E OS PONTOS DA PARTIDA DE HOJE.

BOLA AO CESTO – PONTOS POR EQUIPE

NOME DA EQUIPE	PRIMEIRA PARTIDA	SEGUNDA PARTIDA	TERCEIRA PARTIDA	TOTAL DE PONTOS

DADOS COLETADOS PELA CLASSE.

3. QUAL A EQUIPE VENCEDORA DE TODAS AS PARTIDAS?

QUANTOS PONTOS ELA FEZ NO TOTAL?

JOGO

JOGO NO QUADRO DOS 50

JOGUE NOVAMENTE COM SEUS COLEGAS E DEPOIS RESPONDA ÀS QUESTÕES ABAIXO.

1. VOCÊ TEM UM MARCADOR NA CASA 33 E QUER COLOCAR SEU NOVO MARCADOR NA CASA 43. O QUE DEVE SAIR NO DADO?

2. NO DADO SAIU **MAIOR QUE** E VOCÊ TEM UM MARCADOR NA CASA 43. QUAIS SÃO OS NÚMEROS QUE VOCÊ PODE ESCOLHER PARA COLOCAR UM NOVO MARCADOR? ESCREVA OS NÚMEROS EM ORDEM CRESCENTE.

PELOS CAMINHOS DA ARTE

OBSERVE ESTA OBRA DO PINTOR BRASILEIRO CÉSAR ROMERO.

César Romero. C. 1990. Acrílico sobre tela. Coleção particular.

ENIGMA, DE CÉSAR ROMERO, DÉCADA DE 1990.

1. COMO ELE USOU AS CORES?

____

____

2. QUE SENSAÇÕES VOCÊ TEM AO OLHAR A OBRA?

____

____

3. VOCÊ CONHECE ALGUMA DAS FORMAS QUE O ARTISTA USOU PARA FAZER A OBRA?

____

____

UNIDADE 7

NESTA UNIDADE, VOCÊ VAI:

- CONHECER O PARALELEPÍPEDO.
- APRENDER A LER E A ESCREVER OS NÚMEROS ATÉ 100.
- SABER MAIS SOBRE AS FIGURAS EM UM QUEBRA-CABEÇA CHAMADO MELI-MELÔ.
- ESTIMAR MEDIDAS.
- LER DESENHOS COM FORMAS.
- RESOLVER MUITOS PROBLEMAS.

PARA COMEÇO de CONVERSA

VAMOS BRINCAR DE FAZER MÁGICA?

VOCÊ VAI DAR UM NÓ EM UM FIO SEM SOLTAR SUAS PONTAS!

1. CRUZE OS BRAÇOS.

2. PEGUE AS PONTAS DO BARBANTE COM OS BRAÇOS CRUZADOS.

3. DESCRUZE OS BRAÇOS SEM LARGAR O FIO.

QUE BELO NÓ! DESAFIE SEUS AMIGOS E DEPOIS CONTE A ELES COMO FEZ A MÁGICA.

CONHECENDO UMA NOVA FORMA

VOCÊ JÁ VIU OU OUVIU FALAR EM RUA FEITA COM PEDRAS?

João Prudente/Pulsar

João Prudente/Pulsar

Mycteria/Shutterstock/Glow Images

ESSAS PEDRAS, USADAS PARA CALÇAR A RUA, TÊM A FORMA PARECIDA COM A DE UMA FIGURA BEM CONHECIDA: O **PARALELEPÍPEDO**, TAMBÉM CHAMADO DE **BLOCO RETANGULAR**.

PARALELEPÍPEDOS OU BLOCOS RETANGULARES.

MUITAS EMBALAGENS LEMBRAM A FORMA DO PARALELEPÍPEDO.

AS FOTOS DESTA PÁGINA NÃO ESTÃO COM OS TAMANHOS PROPORCIONAIS ENTRE SI.

EM GRUPO

1. CADA UM MONTA SEU PARALELEPÍPEDO, USANDO O MOLDE DA PÁGINA 31 DO **FAÇA VOCÊ MESMO**. VOCÊ VAI PRECISAR DE COLA E PAPEL VELHO. AMASSE O PAPEL VELHO PARA COLOCAR DENTRO DO PARALELEPÍPEDO ANTES DE FECHAR, PARA QUE ELE FIQUE FIRME E NÃO AMASSE FACILMENTE.

2. EM GRUPO, COMPAREM ESSE PARALELEPÍPEDO COM O CUBO QUE VOCÊS FIZERAM NA UNIDADE 2.

   O QUE VOCÊS PERCEBERAM DE DIFERENTE ENTRE ELES? O QUE ELES TÊM DE PARECIDO?

QUADRO DA CENTENA

NESTE QUADRO, VAMOS CONHECER OS NÚMEROS DE 1 A 100.

QUADRO DA CENTENA

1	2	3	4	5	6	7	8	9	10
11	12	13	14	15	16	17	18	19	20
21	22	23	24	25	26	27	28	29	30
31	32	33	34	35	36	37	38	39	40
41	42	43	44	45	46	47	48	49	50
51	52	53	54	55	56	57	58	59	60
61	62	63	64	65	66	67	68	69	70
71	72	73	74	75	76	77	78	79	80
81	82	83	84	85	86	87	88	89	90
91	92	93	94	95	96	97	98	99	100

VAMOS RELEMBRAR O QUE VOCÊ JÁ SABE E TAMBÉM CONHECER OS NOMES DE NOVOS NÚMEROS.

OBSERVE ALGUMAS DEZENAS EXATAS DA FAIXA AMARELA DO QUADRO E VEJA SEUS NOMES:

40	50	60	70	80	90
QUARENTA	CINQUENTA	SESSENTA	SETENTA	OITENTA	NOVENTA

1. OBSERVE O **QUADRO DA CENTENA** E SIGA ESTAS INSTRUÇÕES:

A. COMECE PELO NÚMERO SETENTA E DOIS. COLOQUE SEU DEDO SOBRE ESSE NÚMERO.

B. AGORA, VÁ PARA O NÚMERO QUE É **10 A MAIS** QUE ESSE. VOCÊ CHEGOU AO ________. COLOQUE SEU DEDO SOBRE ESSE NÚMERO.

C. VÁ PARA O NÚMERO QUE É **1 A MAIS** QUE ESSE. VOCÊ ESTÁ NO NÚMERO ________.

D. FINALMENTE, VÁ PARA O NÚMERO QUE É **10 A MAIS** QUE ESTE ÚLTIMO NÚMERO. VOCÊ CHEGOU AO ________.

2. LEIA ESTES VERSOS E DEPOIS CRIE UM VERSINHO PARA O **CEM**.

1 E 1 ... DOIS!
O CHINÊS GOSTA DE ARROZ!
2 E 1 ... TRÊS!
ONDE ESTÁ O CHINÊS?
2 E 2 ... QUATRO!
ELE FOI AO TEATRO.
2 E 3 ... CINCO.
TODO DIA EU BRINCO.
3 E 5 ... OITO,
DOMINGO EU COMO
BISCOITO.

5 E 5 SÃO DEZ.
NA TERÇA COMO PASTÉIS.
10 E 10 SÃO VINTE.
ENJOO NO DIA SEGUINTE!
20 E 10 SÃO TRINTA.
EU TENHO UMA PINTA.
30 E 10 SÃO QUARENTA
E NINGUÉM ME AGUENTA!
40, 50, 60... ATÉ NOVENTA
TODOS TERMINAM EM **ENTA**!

MEU VERSINHO PARA O **CEM**:

50 E 50 SÃO CEM.

____

____

____

____

JOGO

REFORMANDO

O AVÔ DE BRUNA RESOLVEU FAZER UMA REFORMA NA CASA. VOCÊ IRÁ AJUDÁ-LO A DEMOLIR O MURO CONSTRUÍDO NA UNIDADE 2.

FAÇA DUPLA COM UM COLEGA DE CLASSE.

» O QUE É PRECISO?

- 2 DADOS.
- PARA CADA JOGADOR, 1 TABULEIRO E OS 25 TIJOLINHOS QUE VOCÊS DESTACARAM DAS PÁGINAS 9 E 11 DO **FAÇA VOCÊ MESMO**.

» QUAIS SÃO AS REGRAS?

1. OS JOGADORES DECIDEM A ORDEM EM QUE VÃO JOGAR.
2. CADA JOGADOR CONSTRÓI O SEU MURO COM OS 25 TIJOLINHOS.
3. CADA UM, NA SUA VEZ, JOGA OS DADOS E RETIRA DO MURO O TOTAL QUE SAIU NOS DADOS.
4. VENCE AQUELE QUE DEMOLIR O MURO PRIMEIRO, ACABANDO COM TODOS OS TIJOLINHOS.

SEU PROBLEMA AGORA É...

JUNTEM SEUS CUBOS COLORIDOS.

O DESAFIO É CONSTRUIR 3 PILHAS DIFERENTES USANDO 4 CUBOS COLORIDOS.

DESENHE NESTE ESPAÇO AS PILHAS QUE VOCÊS FIZERAM.

FAÇA EM CASA

1. ESCREVA 3 NÚMEROS MAIORES QUE 25: ______________________

2. ESCREVA 3 NÚMEROS ENTRE 30 E 70: ______________________

3. ESCREVA 3 NÚMEROS MAIORES QUE 75: ______________________

4. UM CACHORRO PERSEGUE 2 GATOS, E OS GATOS CORREM ATRÁS DE 3 RATOS.

   NESSA CORRIDA:

   A. QUANTOS RABOS?

   ____

   B. QUANTAS ORELHAS?

   ____

   C. QUANTAS PERNAS?

   ____

CUBOS E PALMOS

VOCÊ SABE O QUE É UM PALMO?

CONVERSE COM SEUS COLEGAS E VEJA O QUE ELES PENSAM SOBRE ISSO.

1. FAÇA COM OS CUBOS UMA PILHA MAIOR QUE UM PALMO MEDIDO COM A SUA MÃO. DESENHE ESSA PILHA AQUI.

2. BRUNA E PEDRO ESTÃO MEDINDO SUAS PILHAS DE CUBOS.

QUEM TEM O PALMO MAIOR? ______________________________

ESTA PILHA TEM O COMPRIMENTO MAIOR QUE MEU PALMO.
ESTA TEM O COMPRIMENTO DO MEU PALMO.

HORA DA RODA

MARIANA É PEQUENA PARA SAIR NA RUA SOZINHA. MARIANA É GRANDE PARA CHUPAR CHUPETA. AFINAL, ELA É GRANDE OU PEQUENA? ESSA HISTÓRIA ESTÁ NO LIVRO **GRANDE OU PEQUENA?**, DE BEATRIZ MEIRELLES, PUBLICADO PELA EDITORA SCIPIONE, SÃO PAULO, EM 2001.

A COLEÇÃO DE CAIXAS

RAQUEL COLECIONA CAIXINHAS DE PRESENTES, MAS APENAS CAIXAS PEQUENAS E COLORIDAS. AJUDE RAQUEL A SABER A QUANTIDADE DE SUAS CAIXAS.

1. NO MÊS PASSADO, A COLEÇÃO DE RAQUEL TINHA 15 CAIXAS. ELA CONSEGUIU 8 CAIXAS NOVAS NESTE MÊS. QUANTAS CAIXAS ELA TEM AGORA?

2. RAQUEL ORGANIZOU SUAS CAIXAS ASSIM: 10 CAIXAS EM UMA GAVETA, 5 CAIXAS NA PRATELEIRA DA PAREDE DE SEU QUARTO E AS QUE SOBRARAM ELA COLOCOU SOBRE A MESA. QUANTAS CAIXAS ELA COLOCOU SOBRE A MESA?

3. RAQUEL SEPAROU 4 CAIXAS DE SUA COLEÇÃO E COLOCOU 3 CANETINHAS EM CADA UMA DELAS. QUANTAS CANETINHAS ELA GUARDOU NESSAS CAIXAS?

4. AQUI ESTÃO ALGUMAS CAIXAS DA COLEÇÃO DE RAQUEL QUE ELA ORGANIZOU SEGUINDO UMA REGRA. DESCUBRA A REGRA E DESENHE A CAIXA QUE FALTA. ENFEITE-A DO MODO QUE VOCÊ QUISER.

MELI-MELÔ

ESTE QUEBRA-CABEÇA É FORMADO POR UM QUADRADO DIVIDIDO EM CINCO FIGURAS. DESTAQUE AS PEÇAS DA PÁGINA 33 DO **FAÇA VOCÊ MESMO**.

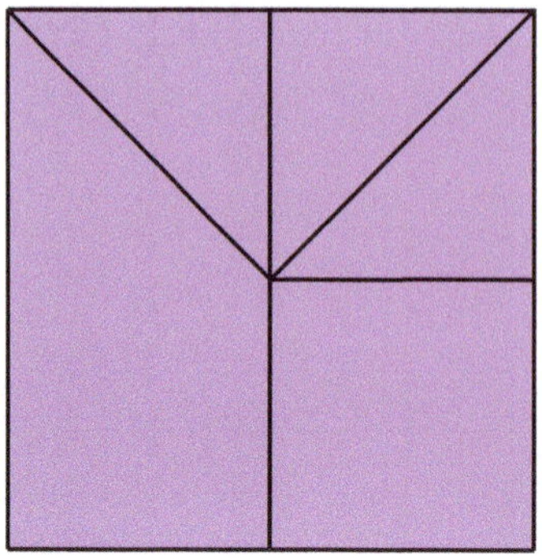

1. MELI-MELÔ SIGNIFICA **CONFUSÃO**, E É COM ESSAS PEÇAS QUE VOCÊ VAI TENTAR FAZER AS FIGURAS QUE ESTÃO DESENHADAS AQUI.

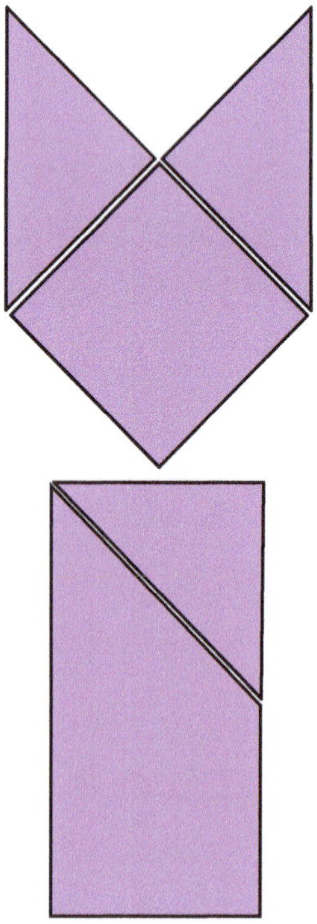

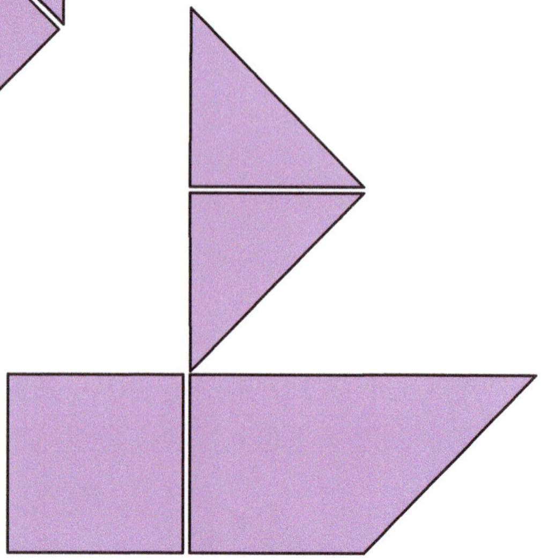

2. AGORA, VOCÊ INVENTA UMA FIGURA USANDO AS CINCO PEÇAS DO MELI-MELÔ E ESCOLHE UM NOME PARA ELA.

3. VOCÊ CONCORDA COM O QUE A MENINA ESTÁ DIZENDO SOBRE O TRIÂNGULO E O QUADRADO? ______________________

O TRIÂNGULO TEM 3 LADOS, E O QUADRADO TEM 4 LADOS.

EM DUPLA

1. CONVERSEM SOBRE O QUADRADO E O TRIÂNGULO DO MELI-MELÔ. DEPOIS, ESCREVAM AS DIFERENÇAS ENTRE ELES.

DIFERENÇAS ENTRE O QUADRADO E O TRIÂNGULO

____

____

____

____

____

HORA DA RODA

QUANTOS LADOS, AFINAL, UM LIVRO PODE TER?

EM **O LIVRO QUADRADO**, DO ARTISTA MINEIRO CAULOS, VOCÊ VAI DESCOBRIR MUITOS LADOS PARA VER AS COISAS, INCLUSIVE O PRÓPRIO LIVRO.

PUBLICADO EM 2010, PELA EDITORA ROCCO.

BRINCADEIRA

QUAL É A FORMA?

Michael Durham/Minden Pictures/Latinstock

VOCÊ CONHECE O TATU-BOLA?

EM SITUAÇÃO DE PERIGO, O TATU-BOLA SE ENCOLHE TODO EM SUA COURAÇA, TOMANDO A FORMA DE UMA BOLA.

NÓS VAMOS BRINCAR DE PROCURAR FORMAS PELA ESCOLA COM A AJUDA DO TATU-BOLA.

1. TODOS DA CLASSE FICAM PRÓXIMOS A UMA PAREDE OU LUGAR COMBINADO.
2. QUANDO A PROFESSORA DISSER "JÁ!", TODOS CANTAM JUNTOS:

TATU-BOLA LA!
TATU-BOLA LA LA LA!
QUAL É A FORMA QUE VOU PROCURAR?

3. A PROFESSORA VAI DIZER O NOME DE UMA FORMA. POR EXEMPLO: QUADRADO! (OU ENTÃO **RETÂNGULO**, **TRIÂNGULO**, **CÍRCULO**, **CUBO**...)
4. VOCÊS TODOS DEVEM CORRER E PROCURAR ALGUM OBJETO QUE LEMBRE A FORMA SOLICITADA PELA PROFESSORA.
5. QUEM ENCOSTAR PRIMEIRO NA FORMA PEDIDA SERÁ O PRÓXIMO A DIZER A FORMA PARA TODOS PROCURAREM.

MEDINDO COM O CORPO

PEDRO QUER SABER SE O NOVO QUADRO QUE COLOCARAM NA SALA DE AULA É MAIOR QUE O OUTRO.

ELE CHEGOU PERTO DOS QUADROS E CONTOU QUANTOS DE SEUS PASSOS CABEM NO COMPRIMENTO DE CADA UM. VEJA O QUE ELE DESCOBRIU.

O QUADRO NOVO TEM 12 PASSOS DE COMPRIMENTO, E O OUTRO TEM 10 PASSOS. EU SABIA QUE O QUADRO NOVO ERA MAIOR!

PODEMOS MEDIR COM A MÃO, USANDO PALMOS, E COM OS PÉS, USANDO O PÉ OU OS PASSOS, COMO PEDRO FEZ.

ESCOLHA COMO MEDIR E ANOTE OS RESULTADOS.

OBJETO MEDIDO	MEDIR COM	RESULTADO
COMPRIMENTO DE SUA CARTEIRA		
ALTURA DE SUA CADEIRA		
COMPRIMENTO DA SALA DE AULA		

BRINCADEIRA

QUAL É A FORMA?

VAMOS BRINCAR OUTRA VEZ DE **QUAL É A FORMA?**

DEPOIS, VAMOS FAZER UM DESENHO PARA MOSTRAR COMO FOI A BRINCADEIRA.

JOGO

REFORMANDO

EM DUPLA, JOGUEM NOVAMENTE E DEPOIS RESPONDAM ÀS PERGUNTAS.

1. NA PRIMEIRA JOGADA DE BRUNA, SAÍRAM NOS DADOS OS NÚMEROS 4 E 5.

   QUANTOS TIJOLINHOS FICARAM NO MURO DELA? ____________

2. QUASE NO FIM DO JOGO, O TABULEIRO DE PEDRO ESTAVA ASSIM:

O QUE PRECISA SAIR NOS DADOS PARA PEDRO GANHAR O JOGO?

____

MELI-MELÔ

COM SEUS COLEGAS DE CLASSE, ESCOLHA UMA HISTÓRIA. DEPOIS, COM AS PEÇAS DO MELI-MELÔ, CRIE FIGURAS PARA ILUSTRAR ESSA HISTÓRIA.

FAÇA EM CASA

COMPLETE ESTE LIGUE-PONTOS.

AGORA, RESPONDA:

1. QUAL É O MENOR NÚMERO QUE APARECE NO LIGUE-PONTOS? __________

2. ENCONTRE DOIS LUGARES ONDE ESSE NÚMERO APARECE.

____

____

3. ESCREVA OS NÚMEROS **MAIORES** QUE 48 E **MENORES** QUE 56 QUE APARECEM NO LIGUE-PONTOS.

____

UNIDADE 8

NESTA UNIDADE, VOCÊ VAI:

- FAZER ARTE USANDO UM PARALELEPÍPEDO.
- JOGAR A CORRIDA DOS CEM NÚMEROS.
- CONHECER AS BALANÇAS.
- CONSTRUIR UM GRÁFICO.
- COMPARAR MASSAS.
- APRENDER MAIS SOBRE O NOSSO DINHEIRO.
- RESOLVER MUITOS PROBLEMAS.

PARA COMEÇO de CONVERSA

QUAL É O MEU BRINQUEDO?
PARA DESCOBRIR, SIGA AS PISTAS!

- É COLORIDO.
- NÃO ESTÁ DENTRO DO BAÚ.
- NÃO TEM A COR AZUL NEM A VERMELHA.

PELOS CAMINHOS DA ARTE

ESTAS OBRAS DE ARTE, FEITAS POR GONÇALO IVO, SÃO EXPOSTAS EM MUITAS GALERIAS E MUSEUS DE ARTE DO BRASIL.

O ARTISTA PINTA OBJETOS QUE ENCONTRA À BEIRA DE PRAIAS E RIOS OU EM CONSTRUÇÕES VELHAS. SÃO PEDAÇOS DE MADEIRA QUE GANHAM COR E BELEZA.

OBSERVE AS OBRAS CRIADAS PELO ARTISTA GONÇALO IVO E CRIE UMA OBRA COMO AS DELE.

Fotos: Gonçalo Ivo <www.goncaloivo.com.br>.
Foto: Sérgio Roberto Guerini. Coleção particular.

EM GRUPO

VOCÊS PRECISAM DE:

- UMA CAIXA ENCAPADA OU UM OBJETO DE MADEIRA NA FORMA DE UM PARALELEPÍPEDO.
- FOLHAS DE PAPEL COLORIDO.
- TESOURA E COLA.

1. CONVERSEM SOBRE AS FORMAS E AS CORES QUE VOCÊS USARÃO PARA RECOBRIR O PARALELEPÍPEDO.
2. LEMBREM-SE DE COMO VOCÊS FIZERAM QUADRADOS E TRIÂNGULOS RECORTANDO PAPEL.
3. FAÇAM OUTRAS FIGURAS. USEM A IMAGINAÇÃO E FAÇAM ARTE!
4. DEPOIS DE TERMINAR O TRABALHO, FAÇAM COMO OS ARTISTAS: DEEM UM NOME PARA A OBRA E ESCREVAM A DATA E O NOME DE VOCÊS, QUE SÃO OS ARTISTAS.

QUE TAL FAZER UMA EXPOSIÇÃO DOS NOSSOS TRABALHOS?

JOGO

CORRIDA DOS CEM NÚMEROS

» O QUE É PRECISO?

- 2 DADOS.
- UM CARRINHO (MARCADOR) DE COR DIFERENTE PARA CADA JOGADOR. ESCOLHA UM NA PÁGINA 35 DO **FAÇA VOCÊ MESMO**, DESTAQUE-O E MONTE-O.
- A PISTA DAS PÁGINAS 35 E 37 DO **FAÇA VOCÊ MESMO**.

» QUAIS SÃO AS REGRAS?

1. VOCÊS DECIDEM QUEM COMEÇA E JOGAM ALTERNADOS: PRIMEIRO UM, DEPOIS O OUTRO.
2. COLOQUEM OS CARRINHOS NO INÍCIO DA PISTA.
3. NA SUA VEZ, LANCE OS DOIS DADOS. A SOMA DOS VALORES QUE APARECER NOS DADOS SERÁ A QUANTIDADE DE CASAS QUE O SEU CARRINHO VAI ANDAR NA PISTA.
4. NA PRÓXIMA JOGADA, VOCÊ COMEÇA DA CASA ONDE PAROU NA JOGADA ANTERIOR.
5. SE VOCÊ CAIR NA BOMBA DE COMBUSTÍVEL, SEU CARRO É ABASTECIDO E AVANÇA 5 CASAS.
6. SE CAIR EM UMA CASA VERMELHA, LEVA MULTA E VOLTA 3 CASAS.
7. GANHA A CORRIDA QUEM CHEGAR AO FINAL DA PISTA PRIMEIRO.

CONSTRUINDO FIGURAS

EM GRUPO

1. COM UM PEDAÇO DE ELÁSTICO, FAÇAM UM TRIÂNGULO.

2. TODOS OS GRUPOS FIZERAM O MESMO TRIÂNGULO? ______

3. EM QUE OS TRIÂNGULOS FORMADOS SÃO PARECIDOS OU DIFERENTES?

______

______

4. AGORA, FAÇAM:

   A. UM TRIÂNGULO DIFERENTE DO PRIMEIRO;

   B. UMA FIGURA COM 4 VÉRTICES;

   C. UM RETÂNGULO.

HORA DA RODA

TRÊS FIGURAS RESOLVERAM PASSEAR POR AÍ, INVENTANDO FORMAS DIFERENTES E DIVERTIDAS. VOCÊ QUER CONHECÊ-LAS? ELAS ESTÃO NO LIVRO **AS TRÊS PARTES**, ESCRITO POR EDSON LUIZ KOZMINSKI, PUBLICADO PELA EDITORA ÁTICA, SÃO PAULO, EM 1998.

FAÇA EM CASA

LEMBRA DA BRINCADEIRA **BOLA AO CESTO**? AS PERGUNTAS SÃO SOBRE ELA. VOCÊ PODE DESENHAR OU USAR TAMPINHAS PARA AJUDAR A RESPONDER.

1. UMA EQUIPE ESTÁ COM 10 PONTOS E PRECISA FAZER 16 PONTOS PARA GANHAR. QUANTAS BOLAS ESSA EQUIPE PRECISA ACERTAR NO CESTO?

   ____

2. UMA EQUIPE TINHA 6 JOGADORES. CADA JOGADOR ACERTOU A BOLA NO CESTO 3 VEZES. QUANTOS PONTOS ELES FIZERAM? ______________________

3. UMA EQUIPE JOGOU A BOLA NO CESTO 20 VEZES E FEZ 12 PONTOS. QUANTAS BOLAS ELES ERRARAM? ______________________

SEU PROBLEMA AGORA É...

COMPLETE O TEXTO DESTE PROBLEMA COM AS PALAVRAS DAS FICHAS ABAIXO.

TAMPINHAS | QUANTAS | POTE | DANIEL

DANIEL TINHA EM UM POTE 18 ______________________.

ELE LEVOU ALGUMAS PARA A COLEÇÃO DA CLASSE, E O ______________________ ______________________ FICOU COM 10 TAMPINHAS.

______________________ TAMPINHAS ______________________ LEVOU PARA A ESCOLA?

RESOLVA O PROBLEMA AQUI.

JOGO

CORRIDA DOS CEM NÚMEROS

COM SEUS COLEGAS, JOGUE NOVAMENTE A **CORRIDA DOS CEM NÚMEROS** E DEPOIS RESPONDAM ÀS PERGUNTAS A SEGUIR.

1. O MARCADOR ESTÁ NO NÚMERO 46, E NOS DADOS SAÍRAM OS RESULTADOS 5 E 5. EM QUE NÚMERO DEVE SER COLOCADO O MARCADOR?

NÚMERO: ______

NOME DO NÚMERO: ______________________________

2. SEU MARCADOR ESTÁ NO NÚMERO 93. QUAIS RESULTADOS DEVEM SAIR NOS DADOS PARA VOCÊ GANHAR O JOGO?

____

____

____

____

EXISTE UMA FORMA DE ESCREVER A ADIÇÃO DE DOIS NÚMEROS, USANDO O SÍMBOLO **+** E O SINAL DE IGUALDADE **=**.

VEJA COMO SE ESCREVE E COMO SE LÊ:

2 + 5 = 7

2 MAIS 5 É IGUAL A 7.

8 = 4 + 4

8 É IGUAL A 4 MAIS 4.

3. COMPLETE AS ADIÇÕES QUE NOS DADOS RESULTAM EM 6.

1 + ______ = 6

______ + ______ = 6

______ + ______ = 6

O QUE VOCÊ CONSEGUE CARREGAR?

VOCÊ CONSEGUE CARREGAR UM ELEFANTE? E UM GATINHO?

Steve Skjold/Alamy/Glow Images

China Photos/Getty Images

1. FAÇA ESTAS DUAS LISTAS:

LISTA A **CONSIGO CARREGAR**	**LISTA B** **NÃO CONSIGO CARREGAR**
1)	1)
2)	2)
3)	3)

2. POR QUE VOCÊ NÃO CONSEGUE CARREGAR O QUE COLOCOU EM SUA LISTA **B**?

HORA DA RODA

LEVE OU PESADO, COMO SABER? VOCÊ SABIA QUE UMA BALEIA-AZUL PODE PESAR MAIS QUE 20 ELEFANTES?
PARA SABER MAIS E CONHECER ALGUMAS BALANÇAS BEM SIMPLES, QUE VOCÊ MESMO PODE FAZER EM CASA, CONHEÇA UM LIVRO MUITO INTERESSANTE: **AI, QUE PESADO!**, DE SHIRLEY WILLIS, PUBLICADO EM 2004 PELA EDITORA CARAMELO, OSASCO.

BALANÇAS PARA MEDIR

A CACHORRINHA LILÓ, DE NOSSO AMIGO PEDRO, CRESCEU MUITO ESTE ANO.

SERÁ QUE ELA ESTÁ MAIS PESADA QUE EU?

PAI, QUERO SABER QUEM PESA MAIS: EU OU A LILÓ? COMO FAÇO?
Jornal

O PAI DE PEDRO IMPROVISOU UMA BALANÇA COM UMA TÁBUA E UM PEDAÇO DE MADEIRA E COLOCOU PEDRO DE UM LADO E LILÓ DO OUTRO.

AFINAL, QUEM PARECE MAIS PESADO: PEDRO OU LILÓ? POR QUÊ?

COM AS BALANÇAS, MEDIMOS A MASSA OU O "PESO" DAS PESSOAS, DOS ANIMAIS, DOS OBJETOS.

EXISTEM MUITOS TIPOS DE BALANÇA.

BALANÇA DE DOIS PRATOS.

BALANÇA DIGITAL.

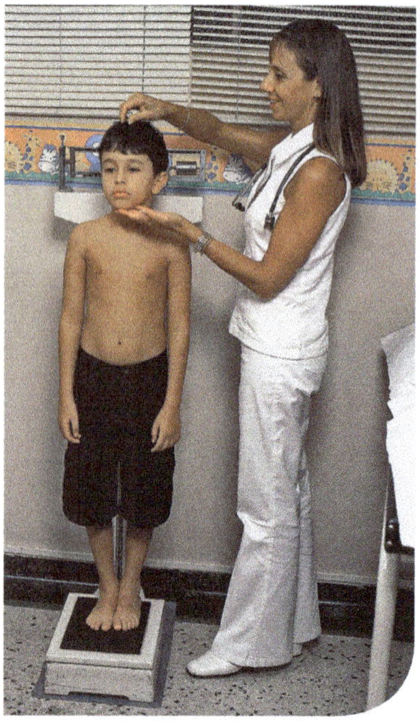

BALANÇA MECÂNICA.

Fotos: Marinez Maravalhas Gomes

AS FOTOS DESTA PÁGINA NÃO ESTÃO COM OS TAMANHOS PROPORCIONAIS ENTRE SI.

QUE TAL FAZER COMO O PAI DE PEDRO PARA COMPARAR OBJETOS E SABER QUAL É O MAIS PESADO E QUAL É O MAIS LEVE?

O QUE PESA MAIS: O CLIPE OU O APONTADOR?

FAÇA EM CASA

COMPLETE O **QUADRO DA CENTENA** COM OS NÚMEROS QUE FALTAM.

41	42	43	44	45	46				50
51					56				60
61					66				70
71					76	77		79	80
81	82	83	84	85	86	87		89	90
91	92	93				97	98	99	100

CONSTRUINDO UM GRÁFICO DA CLASSE

VAMOS FAZER UM NOVO GRÁFICO?

A TABELA AO LADO MOSTRA O RESULTADO DE UMA PESQUISA FEITA ENTRE OS ALUNOS DA CLASSE DE PEDRO E BRUNA.

BRINCADEIRAS PREFERIDAS DOS ALUNOS DO 1º A

BRINCADEIRAS	QUANTIDADE DE ALUNOS
AMARELINHA	7
PULAR CORDA	8
PULAR ELÁSTICO	6
ESCONDE-ESCONDE	3
BOLA AO CESTO	6

1. QUAL É O TÍTULO DA TABELA?

____

2. QUAL FOI A BRINCADEIRA PREFERIDA DA TURMA? _______________________________________

3. HOUVE EMPATE NA ESCOLHA DE DUAS BRINCADEIRAS. QUAIS FORAM ELAS?

____

4. QUANTOS ALUNOS PREFEREM BRINCADEIRAS DE PULAR? _______________

5. VEJA ABAIXO UMA MANEIRA DE REPRESENTAR, COM UM GRÁFICO, A TABELA DAS PREFERÊNCIAS DA CLASSE DA BRUNA E DO PEDRO. NÓS COMEÇAMOS, E VOCÊ TERMINA.

LEMBRE-SE: PINTE UM QUADRADINHO PARA CADA BRINCADEIRA INDICADA.

PULAR É COM A GENTE!

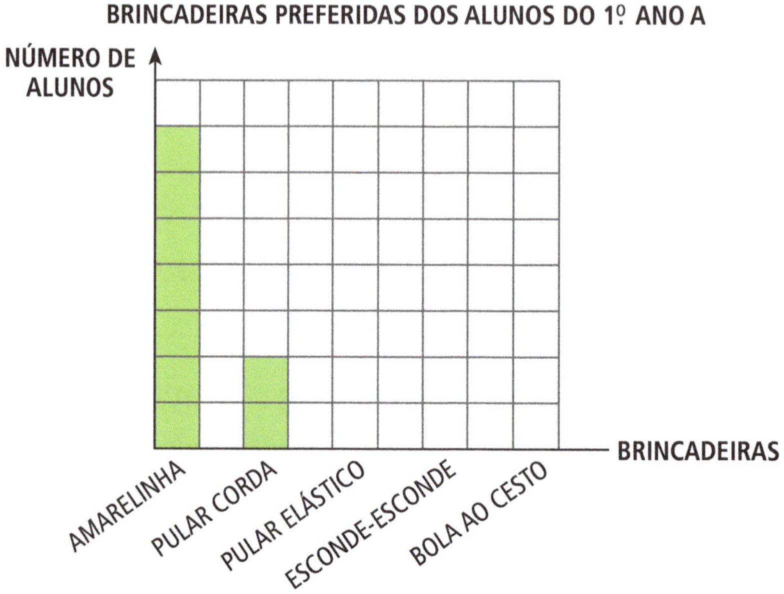

6. AGORA É COM VOCÊS! CONVERSEM COM A PROFESSORA E ESCOLHAM UM TEMA PARA PESQUISAR A PREFERÊNCIA DOS ALUNOS DA CLASSE.

FAÇA EM CASA

1. DESTAQUE O QUADRO DA CENTENA DA PÁGINA 39 DO **FAÇA VOCÊ MESMO**. PINTE DE AZUL OS NÚMEROS QUE REPRESENTAM O RESULTADO DAS FICHAS:

6 | 6 + 10 | 6 + 10 + 10 | 6 + 10 + 10 + 10

CONTINUE SOMANDO 10 E PINTANDO OS NÚMEROS.

QUAL FOI O MAIOR NÚMERO QUE VOCÊ PINTOU DE AZUL? ____________

2. ESCREVA OS NÚMEROS QUE VOCÊ PINTOU E COMO SE LÊ CADA UM. NÓS JÁ COMEÇAMOS PARA VOCÊ.

6	SEIS
16	DEZESSEIS
46	
96	

MOEDA, MOEDINHA

AS IMAGENS DESTA PÁGINA NÃO ESTÃO COM OS TAMANHOS PROPORCIONAIS ENTRE SI.

Picsfive/Shutterstock/Glow Images

DEI UM PORCO VERMELHO À TETÊ.
– PORCO VERMELHO NÃO EXISTE!
NANÁ GANHOU UM GATO AMARELO.
– NUNCA VI GATO DESSA COR!
ACREDITE, ELES EXISTEM SIM.
E TÊM NAS COSTAS UMA FENDA
POR ONDE CAI UMA MOEDA,
MAIS OUTRA MOEDA,
PLIM, PLIM, PLIM!

Vlue/Shutterstock/Glow Images

1 CENTAVO

5 CENTAVOS

10 CENTAVOS

25 CENTAVOS

50 CENTAVOS

1 REAL

Moedas: Captura via escâner

100 CENTAVOS É O MESMO QUE 1 REAL.

1. DESTAQUE AS MOEDAS DA PÁGINA 41 DO **FAÇA VOCÊ MESMO** PARA RESPONDER ÀS PERGUNTAS DE PEDRO E BRUNA.

TENHO
SERÁ QUE CONSEGUI 1 REAL?
COM ESTA MOEDA COMPREI UM POR 70 CENTAVOS.
QUANTO SOBROU?

2. VEJA ESTAS MOEDAS.

Moedas: Captura via escâner

A. COM ELAS, QUAIS DESTES DOCES VOCÊ PODE COMPRAR?

DESENHE AQUI PARA MOSTRAR.

B. RAQUEL COMPROU 2  . PAGOU COM 

. QUANTO ELA VAI RECEBER DE TROCO? ______________________

JOGO

CORRIDA DOS CEM NÚMEROS

JOGUE COM SEUS COLEGAS NOVAMENTE A **CORRIDA DOS CEM NÚMEROS** E DEPOIS ESCREVAM, NO ESPAÇO A SEGUIR, SUAS DESCOBERTAS SOBRE O JOGO. A PROFESSORA VAI ORGANIZAR A CLASSE PARA ESTA ATIVIDADE.

NOSSAS DESCOBERTAS A PARTIR DA CORRIDA
DOS CEM NÚMEROS

Vovan/Shutterstock.com

SEU PROBLEMA AGORA É...

COMPLETE CADA TEXTO COM O QUE FALTA.

BRUNA COMPROU UM ESTOJO POR 15 REAIS.

ELA PAGOU COM 

.

RECEBEU DE TROCO ________ REAIS.

Cédulas: Captura via escâner

RAQUEL COMPROU UM JOGO POR ________ REAIS.

ELA PAGOU COM 

.

RECEBEU 3 REAIS DE TROCO.

TIAGO FOI AO *SHOPPING* E PAGOU 7 REAIS POR UM SANDUÍCHE E 4 REAIS PELA PIPOCA.

ELE PAGOU COM 

.

RECEBEU DE TROCO ________ REAIS.

PEDRO COMPROU UM LIVRO POR 35 REAIS.

ELE PAGOU COM ________ REAIS.

RECEBEU DE TROCO 15 REAIS.

UNIDADE

9

NESTA UNIDADE, VOCÊ VAI:

- BRINCAR DE JOGO DOS PONTINHOS.
- MEDIR OBJETOS E AS PEÇAS DO MELI-MELÔ.
- COMPARAR A ESFERA E O CILINDRO.
- RESOLVER MUITOS PROBLEMAS.

PARA COMEÇO de CONVERSA

QUE TAL REUTILIZAR UMA LATA DE ACHOCOLATADO?

1. ENFEITE A SUA LATA. ENCAPE E COLE NELA PAPEL DE REVISTA, JORNAL OU DE PRESENTE.

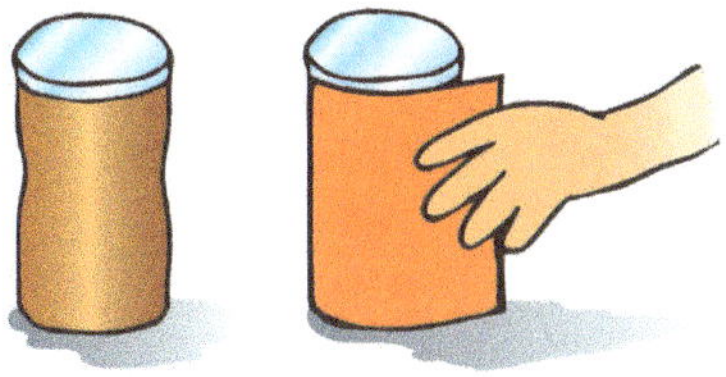

2. VOCÊ PODE USAR A SUA LATA COMO ESTOJO PARA GUARDAR LÁPIS, BORRACHA, APONTADOR... OU COMO COFRINHO PARA GUARDAR MOEDAS.

VOCÊ PODE PEDIR A UM ADULTO QUE FAÇA UM RECORTE NA TAMPA PARA PASSAR AS MOEDAS.

NESSA LATA, VOCÊ TAMBÉM PODE GUARDAR BOLINHAS DE PLÁSTICO OU DE GUDE.

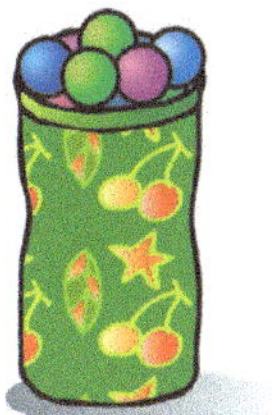

E ENTÃO, O QUE VOCÊ VAI GUARDAR NA SUA LATA?

JOGO

PONTINHOS

VAMOS APRENDER UM NOVO JOGO?

FORME UMA DUPLA COM UM COLEGA DE CLASSE.

» **O QUE É PRECISO?**

- O **TABULEIRO DE PONTINHOS** DESTA PÁGINA PARA A DUPLA.
- O QUADRO DESTA PÁGINA PARA MARCAR OS PONTOS DE CADA JOGADOR.
- 1 LÁPIS PARA CADA JOGADOR.

TABULEIRO DE PONTINHOS

10 1 20 1
5 10 1 5
20 10 5 1
1 20 1 10

JOGANDO PONTINHOS

MEUS PONTOS								
PONTOS DO MEU COLEGA								

» QUAIS SÃO AS REGRAS?

1. OS JOGADORES DECIDEM QUEM COMEÇA.
2. OS JOGADORES FAZEM SUA JOGADA, UM DE CADA VEZ.
3. NA SUA VEZ, O JOGADOR FAZ UM RISCO LIGANDO DOIS PONTINHOS. MAS SÓ VALE SE OS DOIS PONTINHOS ESTIVEREM PRÓXIMOS, SEM NENHUM PONTINHO ENTRE ELES.
4. CADA VEZ QUE VOCÊ CONSEGUIR FECHAR UM QUADRADINHO, GANHA OS PONTOS QUE ESTÃO MARCADOS DENTRO DELE.
5. ANOTE NO QUADRO **JOGANDO PONTINHOS** OS PONTOS QUE VOCÊ FEZ E OS PONTOS FEITOS POR SEU COLEGA.
6. O JOGO TERMINA QUANDO NÃO HOUVER MAIS PONTINHOS SOLTOS.
7. GANHA AQUELE QUE CONSEGUIR MAIS PONTOS NO FINAL.

ESFERA E CILINDRO

NA PRATELEIRA DO MERCADO, BRUNA E SUA MÃE ENCONTRARAM MUITAS LATAS.

BRUNA FICOU ENCANTADA COM TODAS AQUELAS LATAS E FOI LOGO PERGUNTANDO:

MÃE, COMO SE CHAMA A FORMA DAS LATAS QUE ESTOU VENDO? ELAS TÊM TAMANHOS DIFERENTES, MAS SÃO TÃO PARECIDAS!
FILHA, TODAS ELAS TÊM A FORMA PARECIDA COM A DE UM CILINDRO.
CILINDRO?

O CILINDRO É UMA FORMA GEOMÉTRICA ARREDONDADA.

CILINDRO.

VAMOS COMPARAR O CILINDRO COM OUTRA FORMA ARREDONDADA QUE VOCÊ JÁ CONHECE: A ESFERA.

CILINDRO.

ESFERA.

EM DUPLA

CONVERSE COM SEU COLEGA E JUNTOS ESCREVAM EM QUE O CILINDRO E A ESFERA SE PARECEM E EM QUE SÃO DIFERENTES.

____

____

____

____

FAÇA EM CASA

COMPLETE O QUADRO ABAIXO COM OS NÚMEROS QUE FALTAM.

51					56	57	58	59	60
61	62	63	64	65	66	67		69	70
71	72			75	76	77		79	
81	82	83	84	85	86	87		89	
		93	94	95	96	97	98	99	

AGORA:

A. PINTE DE AZUL O MAIOR NÚMERO TERMINADO EM 8.

B. PINTE DE AMARELO O NÚMERO QUE ESTÁ ENTRE SETENTA E CINCO E SETENTA E SETE.

C. PINTE DE VERMELHO O NÚMERO QUE VEM LOGO DEPOIS DO 90.

D. PINTE DE VERDE O MENOR NÚMERO QUE TERMINA EM 5.

BARRA-MANTEIGA

ESTA É UMA BRINCADEIRA CONHECIDA POR SEUS PAIS E AVÓS. MUITOS DELES BRINCARAM DE **BARRA-MANTEIGA** NA RUA COM OS AMIGOS E OS VIZINHOS.

» O QUE É PRECISO?

- DIVIDIR A TURMA EM DOIS TIMES. VAMOS CHAMAR UM TIME DE AZUL E O OUTRO DE VERMELHO.
- TRAÇAR, NO CHÃO DA QUADRA OU DO PÁTIO, DUAS LINHAS COM UMA DISTÂNCIA DE 15 PASSOS UMA DA OUTRA.

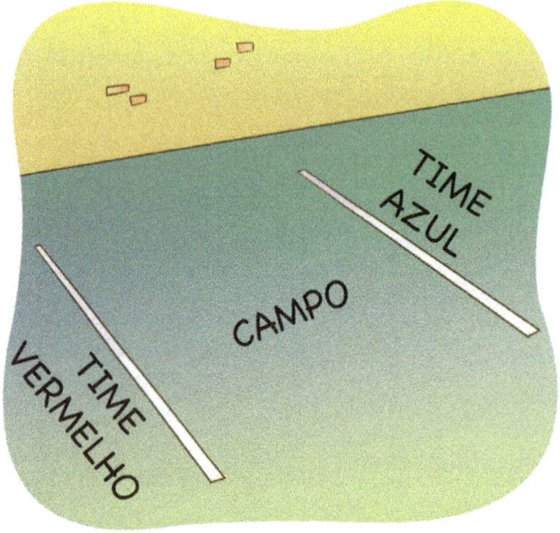

» QUAIS SÃO AS REGRAS?

1. O JOGO COMEÇA COM OS PARTICIPANTES DE CADA TIME ENFILEIRADOS LADO A LADO NA SUA LINHA. OS TIMES FICAM DE FRENTE UM PARA O OUTRO.
2. OS PARTICIPANTES DECIDEM QUAL TIME COMEÇA O JOGO, QUE DEVE TER UM TEMPO DETERMINADO.
3. UM JOGADOR DO TIME QUE COMEÇA SAI DA LINHA E DIRIGE-SE ATÉ A LINHA DO TIME RIVAL. OS ADVERSÁRIOS ESTENDEM A MÃO COM A PALMA PARA CIMA, E ELE BATE EM CADA UMA SEGUINDO O RITMO DA MÚSICA:

> BARRA-MANTEIGA, CRIANÇA VAI SER PEGA!
> MINHA MÃE MANDOU BATER NESTA DAQUI.
> 1, 2, 3!

4. A ÚLTIMA BATIDA É MAIS FORTE, E O JOGADOR DEVERÁ CORRER DE VOLTA PARA SEU TIME.
5. ANTES DE DAR A BATIDA FINAL, O JOGADOR PODE DEMORAR O TEMPO QUE JULGAR NECESSÁRIO PARA TENTAR PEGAR O OUTRO DE SURPRESA E TER TEMPO DE FUGIR.

6. O DONO DA MÃO, POR SUA VEZ, CORRE ATRÁS E TENTA PEGAR O ADVERSÁRIO ANTES QUE ELE ATRAVESSE A LINHA.

7. SE O JOGADOR QUE BATEU CONSEGUIR CHEGAR À LINHA DE SEU TIME, O RIVAL QUE O PERSEGUIU PASSA A FAZER PARTE DE SEU TIME. SE O QUE BATEU FOR PEGO, ELE É QUEM VAI PARA O OUTRO TIME.

8. GANHA O TIME QUE CHEGAR AO FIM DO TEMPO ESTABELECIDO COM O MAIOR NÚMERO DE JOGADORES.

DEPOIS DO JOGO, FAÇA COM SEUS AMIGOS UMA RODA DE CONVERSA PARA DISCUTIR COMO FOI A BRINCADEIRA E REVER COM ELES AS REGRAS E A MELHOR FORMA DE BRINCAR.

FAÇA EM CASA

1. RENATO E ELLEN MUDARAM AS REGRAS DA **CORRIDA DOS CEM NÚMEROS**. ELES USARAM 3 DADOS!

   RENATO CONSEGUIU TIRAR NOS DADOS: 6, 1 E 3. ELLEN TIROU: 4, 4 E 5.

   - QUEM FEZ MAIS PONTOS? ______________.
   - O MARCADOR DE RENATO ESTAVA NA CASA 22. FOI PARA A CASA ______.
   - ELLEN ESTAVA NA CASA 20. ELA COLOCOU O MARCADOR NA CASA ______.
   - QUEM ESTÁ NA FRENTE NESSA CORRIDA? ______________.

2. ESCREVA OS NÚMEROS QUE FALTAM NO TRECHO DA CORRIDA QUE ESTÁ EM BRANCO.

SEU PROBLEMA AGORA É...

RESOLVA OS PROBLEMAS A SEGUIR.

1. SOFIA E OS COLEGAS BRINCAVAM DE ESCONDER OBJETOS. ELA FEZ UM DESENHO PARA MOSTRAR QUANTOS OBJETOS ELES JÁ ACHARAM.

AINDA FALTA ACHAR 6 OBJETOS. QUANTOS OBJETOS FORAM ESCONDIDOS?

2. CRISTIANO TINHA ALGUNS CARRINHOS EM SUA COLEÇÃO. SEU PAI TROUXE MAIS 2 CARRINHOS. AGORA A COLEÇÃO TEM 13 CARRINHOS. QUANTOS CARRINHOS CRISTIANO JÁ TINHA?

3. CARLA TINHA ALGUNS PEIXES EM SEU AQUÁRIO. ELA DEU 5 PEIXES PARA SUA AMIGA PATRÍCIA. AGORA, CARLA FICOU COM 8 PEIXES. QUANTOS PEIXES CARLA TINHA ANTES?

JOGO

TEM O MESMO COMPRIMENTO OU NÃO?

EM GRUPOS DE QUATRO, CADA UM DEVE ESTAR COM SEU **MELI-MELÔ**.

» QUAIS SÃO AS REGRAS?

1. OS JOGADORES DECIDEM A ORDEM EM QUE DEVEM JOGAR.
2. O PRIMEIRO JOGADOR COLOCA UMA PEÇA SOBRE A MESA.
3. O JOGADOR SEGUINTE SÓ PODE COLOCAR UMA PEÇA ENCOSTADA NA QUE ESTÁ NA MESA JUNTANDO LADOS QUE TENHAM O MESMO COMPRIMENTO.
4. OS JOGADORES SEGUINTES PODEM COLOCAR PEÇAS ENCOSTADAS EM QUALQUER PEÇA QUE ESTIVER NA MESA, DESDE QUE OS LADOS TENHAM O MESMO COMPRIMENTO.
5. GANHA O PRIMEIRO QUE COLOCAR TODAS AS SUAS PEÇAS.

DEPOIS DO JOGO, FAÇAM O SEGUINTE:

A. NO GRUPO, SEPAREM AS PEÇAS QUE TÊM UM LADO DE MESMO TAMANHO QUE UM LADO DE OUTRA PEÇA.

B. COMPAREM COM OUTRO GRUPO. ELES SEPARARAM AS MESMAS PEÇAS QUE VOCÊS?

C. AGORA, SEPAREM AS PEÇAS QUE TÊM DOIS LADOS DE MESMO TAMANHO.

D. COMPAREM NOVAMENTE COM OUTRO GRUPO.

JOGO

PONTINHOS

DESTAQUE O TABULEIRO E O QUADRO DA PÁGINA 43 DO **FAÇA VOCÊ MESMO** E JOGUE NOVAMENTE COM SEU COLEGA DE DUPLA. DEPOIS, RESPONDA ÀS PERGUNTAS A SEGUIR.

1. GUSTAVO E GUILHERME JOGARAM PONTINHOS E, NO FINAL, TINHAM DE ADICIONAR SEUS PONTOS.

JOGANDO PONTINHOS

GUSTAVO	5	5	10	20	10	10	1	1
GUILHERME	5	20	20	10	1	1	1	1

ESCREVA QUANTOS PONTOS CADA UM DELES CONSEGUIU.

A. GUSTAVO CONSEGUIU NO TOTAL ________ PONTOS.

B. GUILHERME CONSEGUIU ________ PONTOS.

2. QUEM GANHOU O JOGO? ________________________________

FAÇA EM CASA

COM AS PEÇAS DO **MELI-MELÔ**, TENTE MONTAR UM RETÂNGULO.

DESENHE AQUI O QUE VOCÊ CONSEGUIU FAZER.

BRINCADEIRA

BARRA-MANTEIGA

1. VAMOS BRINCAR NOVAMENTE DE **BARRA-MANTEIGA**? MONTE SEU TIME.
2. DEPOIS DE BRINCAR, DESENHE, EM UMA FOLHA BRANCA, O QUE VOCÊ OBSERVOU DA BRINCADEIRA.
3. EM UM MURAL, EXPONHA SEU DESENHO E OBSERVE OS DESENHOS DE SEUS COLEGAS.
   - ELES DESENHARAM AS MESMAS COISAS QUE VOCÊ?
   - NOS DESENHOS APARECE A QUADRA OU O PÁTIO?
   - APARECEM OS JOGADORES?
   - APARECEM OS ALUNOS QUE FORAM PEGOS?

FAÇA EM CASA

1. NA BRINCADEIRA **BARRA-MANTEIGA**, O TIME AZUL TERMINOU COM 12 CRIANÇAS, E O TIME VERMELHO TERMINOU COM 16 CRIANÇAS.

   A. QUANTOS ALUNOS TINHA ESSA CLASSE? ____________________

   B. QUAL TIME GANHOU O JOGO? ____________________

   C. SE O TIME AZUL TIVESSE CONSEGUIDO PEGAR MAIS QUATRO CRIANÇAS, COMO FICARIAM AS EQUIPES?

   TIME AZUL: __________ CRIANÇAS.

   TIME VERMELHO: __________ CRIANÇAS.

2. COMPLETE A ESCRITA DE CADA NÚMERO NESTES QUADROS.

48	
57	
	NOVENTA E UM
	DEZOITO

	OITENTA E DOIS
13	
60	
	SETENTA E QUATRO

VAMOS DESENHAR?

VOCÊ JÁ CONHECE VÁRIAS FIGURAS.

1. DESENHE NO AR UM TRIÂNGULO.
   - TODOS OS SEUS COLEGAS FIZERAM O MESMO DESENHO?
2. DESENHE NO AR UM QUADRADO.
   - TODOS FIZERAM QUADRADOS DE MESMO TAMANHO?
3. DESENHE NO AR UM QUADRADO COM LADO MAIOR QUE O QUE VOCÊ FEZ ANTES.
4. COPIE NO QUADRICULADO OS DOIS DESENHOS FEITOS COM AS FIGURAS QUE VOCÊ JÁ CONHECE.

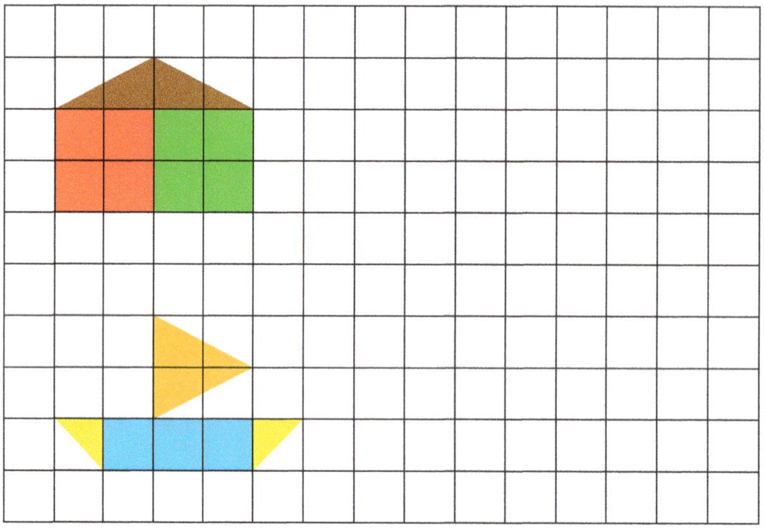

AGORA, ESCREVA O NOME DE CADA FIGURA DE ACORDO COM A COR:

COR DA FIGURA	NOME DA FIGURA
VERMELHA	
AMARELA	
AZUL	
VERDE	
MARROM	
LARANJA	

5. QUEM SOU EU? TENHO 4 LADOS E 4 VÉRTICES, MAS NÃO SOU QUADRADO.

EU SOU O ____

____.

SEU PROBLEMA AGORA É...

ANA REUNIU-SE COM TRÊS COLEGAS PARA JOGAR ZIGUE-ZAGUE. ELAS SE COLOCARAM LADO A LADO. SIGA AS DICAS E DESCUBRA:

A. QUAL DAS MENINAS É A ANA?

B. E QUAL É O NOME DE CADA AMIGA DE ANA?

MIRELA É MAIS ALTA QUE A ANA.
CARLA É A MAIS BAIXA.
LUANA TEM CABELO DA MESMA COR QUE O MEU.
ANA É MAIS BAIXA QUE LUANA.

MEDINDO COM PALITOS

VOCÊ JÁ SABE MEDIR UM COMPRIMENTO USANDO PASSOS OU PALMOS.

VAMOS MEDIR, AGORA, USANDO OBJETOS, COMO PALITOS OU CANUDOS, TODOS DO MESMO TAMANHO.

ANTES DE MEDIR, RESPONDA:

1. QUANTOS PALITOS VOCÊ ACHA QUE MEDE O COMPRIMENTO DO TAMPO DA MESA DO PROFESSOR? ______

2. QUANTOS PALITOS SÃO NECESSÁRIOS PARA MEDIR O COMPRIMENTO DO TAMPO DE SUA CARTEIRA? ______

3. E O COMPRIMENTO DO QUADRO DA CLASSE? ______

4. MEÇA COM PALITOS E COMPARE COM AS RESPOSTAS QUE VOCÊ DEU. QUANTOS PALITOS MEDE:

   A. O COMPRIMENTO DO TAMPO DA MESA DO PROFESSOR? ______ PALITOS.

   B. O COMPRIMENTO DO TAMPO DE SUA CARTEIRA? ______ PALITOS.

   C. O COMPRIMENTO DO QUADRO DA CLASSE? ______ PALITOS.

5. AS RESPOSTAS MUDARAM MUITO? POR QUÊ?

______

HORA DA RODA

QUEM DEVE GANHAR UMA FRUTA GOSTOSA ENCONTRADA PELOS ANIMAIS DA FLORESTA? O RINOCERONTE, QUE É MAIS PESADO QUE A GIRAFA, OU A GIRAFA, QUE É MAIS ALTA QUE O RINOCERONTE? DESCUBRA COMO ELES ESCOLHERAM QUEM FICA COM A FRUTA NO LIVRO **QUEM VAI FICAR COM O PÊSSEGO?**, DE YOON AH-HAE E YANG HYE-WON, PUBLICADO PELA EDITORA CALLIS, SÃO PAULO, EM 2006.

BARRA-MANTEIGA

VAMOS BRINCAR MAIS UMA VEZ?

MAS, ANTES, VEJA DE NOVO OS DESENHOS QUE VOCÊS FIZERAM PARA ESTA BRINCADEIRA. ELES PODEM AJUDAR A LEMBRAR COMO JOGAR.

1. DEPOIS DA BRINCADEIRA, PROCURE, COM SEUS COLEGAS, LEMBRAR TODAS AS BRINCADEIRAS QUE VOCÊS REALIZARAM DURANTE ESTE ANO. FAÇAM UMA LISTA COM O NOME DE TODAS ELAS.

2. AGORA, ESCREVA O QUE VOCÊ APRENDEU COM TODAS ESSAS BRINCADEIRAS.

O QUE EU APRENDI COM ESSAS BRINCADEIRAS

Fotos: Turnstation/Shutterstock.com

JOGO

PONTINHOS

VAMOS JOGAR MAIS UMA VEZ? DESTAQUE O OUTRO TABULEIRO E O OUTRO QUADRO DA PÁGINA 45 DO **FAÇA VOCÊ MESMO**.

1. DEPOIS DE JOGAR, FAÇA UM DESENHO MOSTRANDO O JOGO E, COM SEUS COLEGAS DE CLASSE, ORGANIZE NO CADERNO UM TEXTO COM DICAS PARA VENCER NESTE JOGO.
2. MONTEM UM MURAL DA CLASSE COM O DESENHO QUE CADA UM FEZ E O TEXTO QUE VOCÊS ESCREVERAM.

FAÇA EM CASA

ESCREVA CADA UM DOS RESULTADOS:

A. $10 + 3 =$ ______

B. $4 + 12 =$ ______

C. $8 + 20 =$ ______

D. $20 + 3 =$ ______

E. $4 + 22 =$ ______

F. $8 + 40 =$ ______

G. $50 + 3 =$ ______

H. $4 + 42 =$ ______

I. $8 + 60 =$ ______

PARA TERMINAR...

ESCREVA, COM SEUS COLEGAS DE CLASSE, UMA CARTA PARA OS AUTORES DESTE LIVRO CONTANDO TUDO O QUE VOCÊS APRENDERAM DE MATEMÁTICA.

NA CARTA, VOCÊS PODEM SUGERIR MAIS BRINCADEIRAS E JOGOS PARA OUTRAS CRIANÇAS QUE, NO FUTURO, USARÃO ESTE LIVRO. ESPERAMOS SUA CARTA COM MUITA ALEGRIA!

LEIA MAIS

NÃO SE ESQUEÇA!
NA **HORA DA RODA**, AO FIM DE ALGUMAS ATIVIDADES DESTE LIVRO, VOCÊ ENCONTRA MAIS SUGESTÕES DE LIVROS PARA LER E SE DIVERTIR.

TÔ DENTRO, TÔ FORA...

ALCY LINARES DEAMO, FORMATO, BELO HORIZONTE, 2005.

OS BICHOS RESOLVERAM SE COLOCAR EM DIFERENTES POSIÇÕES. SERÁ QUE ELES ESTÃO DENTRO OU FORA? EM CIMA OU EMBAIXO? ESTÃO INDO OU VOLTANDO?

Livros: Natasha Pankina/Shutterstock, *tablet*: Anviczo/Shutterstock

EU NÃO TENHO MEDO

CHA BO-GEUM E JANG YEONG-SEON, CALLIS, SÃO PAULO, 2008.

UMA HISTÓRIA DIFERENTE DE UM LOBINHO DIVERTIDO, MAS QUE TEM MEDO DA CHAPEUZINHO VERMELHO E DA VOVOZINHA!

LIVRO DE NÚMEROS DO MARCELO

RUTH ROCHA, SALAMANDRA, SÃO PAULO, 2013.

CONTE DE 1 A 10, COM RIMAS, ADIVINHAÇÕES E MUITAS CURIOSIDADES.

ENQUANTO A MAMÃE GALINHA NÃO ESTAVA

YU YEONG-SO E HAN BYEONG-HO, CALLIS, SÃO PAULO, 2006.

NESSA HISTÓRIA, OS OVOS DA MAMÃE GALINHA CORREM MUITOS PERIGOS QUANDO ELA SAI DO NINHO PARA DAR UM PASSEIO.

O URUBU TINHA UM PLANO

JÚNIA LA SCALA, ARNALDO RODRIGUES E MARGARET PRESSER, FTD, SÃO PAULO, 2010.

O URUBU TINHA INVEJA DO JABUTI, POR SEU CASCO PERFEITO, E DO SAPO, POR SUA BELA VOZ. ENTÃO, TRAÇOU UM PLANO PARA DAR FIM A ESSES DOIS ANIMAIS. SEU PLANO QUASE DEU CERTO, MAS A AMIZADE E A SOLIDARIEDADE DOS ANIMAIS MUDARAM O RUMO DA HISTÓRIA.

KanKhem/Shutterstock

É O BICHO F. C.

GUTO LINS. ILUSTRAÇÕES DE MARIANA MASSARANI. NOVA FRONTEIRA, 2010.

LIVRO É PARA LER, E JOGO É PARA JOGAR, NÃO É? DEPENDE. MAS UM LIVRO COMO ESSE FOI FEITO PARA LER E PARA JOGAR. VOCÊ VAI ACHAR ESSE TIME REPLETO DE BICHOS PARA LÁ DE DIVERTIDO!

REFERÊNCIAS

BOYER, Carl Benjamin. **História da Matemática**. Tradução Elza F. Gomide. 2. ed. São Paulo: Edgard Blücher, 1996.

BRASIL. Ministério da Educação. Secretaria de Educação Fundamental. **Parâmetros curriculares nacionais**: Matemática. Brasília, 1997.

BRASIL. Ministério da Educação. Secretaria de Educação Fundamental. **Referencial curricular nacional para as escolas indígenas**. Brasília, 1998.

BUORO, Anamelia Bueno. **Olhos que pintam**: a leitura da imagem e o ensino da Arte. São Paulo: Cortez, 2002.

KAMII, Constance; JOSEP H, Linda Leslie. **Crianças pequenas continuam reinventando a Aritmética**: implicações da teoria de Piaget. 2. ed. Porto Alegre: Artmed, 2004.

LINDQUIST, Mary Montgomery; SHULTE, Alberto P. (Org.). **Aprendendo e ensinando Geometria**. Tradução Hygino H. Domingues. São Paulo: Atual, 1994.

LOPES, Maria Laura M. Leite (Coord.). **Tratamento da informação**: explorando dados estatísticos e noções de probabilidade a partir das séries iniciais. Rio de Janeiro: Projeto Fundão/UFRJ, 1997.

MARTINS, Mirian Celeste; PICOSQUE, Gisa; GUERRA, Maria Terezinha Telles. **Didática do ensino de Arte**: a língua do mundo: poetizar, fruir e conhecer Arte. São Paulo: FTD, 1998.

PARRA, Cecília; SAIZ, Irma (Org.). **Didática da Matemática**: reflexões psicopedagógicas. Porto Alegre: Artmed, 2001.

PIRES, Célia Maria Carolino; CURI, Edda; CAMPOS, Tânia Maria Mendonça. **Espaço e forma**: a construção de noções geométricas pelas crianças das quatro séries iniciais do Ensino Fundamental. São Paulo: Proem, 2000.

RAMAL, Andrea Cecília. **Educação na cibercultura**: hipertextualidade, leitura, escrita e aprendizagem. Porto Alegre: Artmed, 2002.

ROHDE, Geraldo M. **Simetria**. São Paulo: Hemus, 1982.

SMOLE, K. S.; DINIZ, M. I.; CÂNDIDO, P. **Brincadeiras infantis nas aulas de Matemática**. Porto Alegre: Artmed, 2000. (Matemática de 0 a 6). v. 1.

SMOLE, K. S.; DINIZ, M. I. **Figuras e formas**. Porto Alegre: Artmed, 2001. (Matemática de 0 a 6). v. 3.

SMOLE, K. S.; DINIZ, M. I. **Ler, escrever e resolver problemas**: habilidades básicas para aprender Matemática. Porto Alegre: Artmed, 2001.

SMOLE, K. S.; DINIZ, M. I. **Resolução de problemas**. Porto Alegre: Artmed, 2000. (Matemática de 0 a 6). v. 2.

Lorelyn Medina/Shutterstock

@ CULTURA DIGITAL

HISTÓRIA EM QUADRINHOS

JOGO DA VAQUINHA

ATCHIM!
POOF!
ESSAS PALAVRAS SÃO AS ONOMATOPEIAS! ELAS DÃO DICAS SOBRE O QUE ESTÁ ACONTECENDO NA HISTÓRIA.
HÁ HISTÓRIAS SEM DIÁLOGOS, MAS A GENTE PODE ENTENDER UMA HISTÓRIA FEITA SÓ COM IMAGENS!
CRIE UM NOME LEGAL, UMA SEQUÊNCIA E UM FIM PARA SUA HQ!
ACESSE FTD digital E ESCOLHA PERSONAGENS, CENÁRIOS, ONOMATOPEIAS E CRIE UMA HISTÓRIA BEM DIVERTIDA!
NESSE ESPAÇO VIRTUAL, VOCÊ ENCONTRA DICAS PARA FAZER A SUA HQ.
DIVIRTA-SE!

CRIANDO HISTÓRIA EM QUADRINHOS!

COM A FERRAMENTA INDICADA NESTA SEÇÃO, VOCÊ PODE FAZER TIRINHAS OU MONTAR UMA HQ COM ALGUNS QUADRINHOS!
PARA CRIAR DIÁLOGOS, USE OS BALÕES DE FALA, COMO ESTE AQUI!
NOS BALÕES, VOCÊ TAMBÉM PODE COLOCAR FORMAS DE EXPRESSÃO E PALAVRAS COM UM NOME ENGRAÇADO QUE IMITAM BARULHOS CONHECIDOS.

HISTÓRIA EM QUADRINHOS (HQ)

QUE TAL CRIAR UMA HQ?

COM A AJUDA DE UMA FERRAMENTA DIGITAL, VOCÊ PODE SOLTAR A IMAGINAÇÃO E CRIAR PERSONAGENS, TEXTOS E CENÁRIOS!

JUNTE-SE A UM COLEGA E TROQUEM IDEIAS PARA CRIAR E ILUSTRAR A HQ DE VOCÊS.

O PROFESSOR VAI AJUDAR A TURMA A SE ORGANIZAR.

ESCOLHAM OS PERSONAGENS, CRIEM OS DIÁLOGOS E OS CENÁRIOS ONDE A HISTÓRIA VAI ACONTECER.

SOLTEM A IMAGINAÇÃO E BOA VIAGEM PELO MUNDO DAS HISTÓRIAS EM QUADRINHOS!

JOGO DA VAQUINHA

A MALHA QUADRICULADA TEM MUITAS UTILIDADES. ALÉM DE SERVIR PARA DESENHAR, COM ELA FICA FÁCIL DESCOBRIR COMO CHEGAR A DETERMINADO LOCAL.

É POSSÍVEL TRAÇAR CAMINHOS IMAGINÁRIOS, SEGUINDO AS LINHAS E AS COLUNAS DA MALHA.

NO JOGO DA VAQUINHA, LOCALIZAR O PONTO DE ENCONTRO ENTRE UMA LINHA E UMA COLUNA, EM UM TABULEIRO QUE LEMBRA UMA MALHA, PODE SE TORNAR BEM INTERESSANTE.

NESTE JOGO, MUITOS OBSTÁCULOS PODEM SURGIR, E VOCÊ SÓ AVANÇARÁ NAS FASES DO JOGO SE VENCER ESSES DESAFIOS COM INTELIGÊNCIA E RACIOCÍNIO!

ESTÁ PREPARADO?

ENTÃO, VAMOS LÁ!

CLIQUE NO BOTÃO STOP (PARAR, EM INGLÊS), REINICIE O NÍVEL ATUAL E VERIFIQUE SE ALGUMA SETA PRECISA SER MODIFICADA.
PORTÕES TRANCADOS, MUROS ALTOS E OUTROS DESAFIOS FAZEM PARTE DESSA MISSÃO!
APÓS O NÍVEL DOIS, UM TOURINHO VAI AJUDAR A VAQUINHA A ENCONTRAR O TROFÉU. DEPOIS DE CADA ETAPA, VEM OUTRA FASE COM NOVOS DESAFIOS!
O JOGO DA VAQUINHA É UM JOGUINHO VIRTUAL QUE DIVERTE E FAZ PENSAR! VAMOS COMEÇAR? ACESSE FTD digital E BOM JOGO!

VAMOS LEVAR A VAQUINHA ATÉ O TROFÉU?

O JOGO DA VAQUINHA É CHEIO DE DESAFIOS. A VAQUINHA QUER UM TROFÉU E VOCÊ PODE AJUDÁ-LA A CHEGAR ATÉ ELE.

USE AS SETAS

→↓↑←

PARA INDICAR O CAMINHO. ARRASTE AS SETAS E TESTE SE ELAS ESTÃO NA POSIÇÃO CORRETA. DEPOIS, CLIQUE EM GO (IR, EM INGLÊS). A VAQUINHA IRÁ PELO CAMINHO QUE VOCÊ INDICOU COM AS SETAS, DESVIANDO DE OBSTÁCULOS PARA CONSEGUIR PEGAR OBJETOS VALIOSOS!

A PLATAFORMA DIGITAL

PARA TER ACESSO AO AMBIENTE FTD digital SIGA AS ORIENTAÇÕES ABAIXO:

1

ACESSE:
HTTP://DIGITAL.FTD.COM.BR
CLIQUE EM CRIAR CADASTRO E PREENCHA SEUS DADOS.

2

VOCÊ RECEBERÁ UM *E-MAIL* PARA A ATIVAÇÃO. CLIQUE NO *LINK* E CONCLUA SEU CADASTRO.

3

SIGA AS ORIENTAÇÕES PARA O REGISTRO DO SEU CÓDIGO EXCLUSIVO PRESENTE NA PRIMEIRA FOLHA DO SEU LIVRO.

Imagens do *flap*: Yan Comunicação